仕事に役立つ統計学の教え

BUSINESS STATISTICS LESSONS

シカゴコンサルティング代表取締役
斎藤広達

日経BP社

prologue

ゲームに勝つと賞金1万円がもらえます。

ルールは簡単、サイコロを転がすだけ。参加費は無料です。えい、とサイコロを投げて、⚀が出たら、あなたの勝ちです。

⚁〜⚄は、はずれ。再チャレンジです。

⚅が出ると、罰ゲームが待っています。胴元からちょっと嫌な言葉を言われます。しばらく不愉快な気持ちを引きずりますが、罰金を取られたり、怪我をすることはありません。

このゲームで賞金を稼ぐには、どうプレイするのが最善でしょう。

⚀を出す練習をする？

カジノでは、プロのディーラーが好きな目を出せる、という話もあります。サイコロ転がしにもテクニックがありそうですが、マスターするのは難しそう。

ゲームは、何回サイコロを振ってもOKです。

となると……、

⚀が出るまで、何度もサイコロを振り続ければよいのです。

当たりは1／6で出ます。6回に1回は当たる計算です。約16・6％の確率です。

運悪く⚅が出て、胴元から罵倒されることもあるでしょう。これも1／6、16・6％の確率で起こります。ちょっと嫌な気分を引きずっても、サイコロは振れます。


ビジネスはこのゲームに似ています。

世の中は統計的なルールで動いていて、成功は、ある一定の確率でやってきます。

当たりも罰ゲームも16％程度、それ以外が約7割。こうした黄金律は、統計的な意味を持っているのです。


16・6％という確率が低くて嫌なら、ルールを変える手もあります。

コイントス・ゲームにするのです。勝つ確率は50％。コインは何度も投げられるから、少ないトライアルで賞金が貰えます。

これもビジネスで起こり得る話です。目の前の案件は、工夫次第で成功確率の高いゲームに進化します。

本書は2012年7月に上梓した『「計算力」を鍛える』（PHPビジネス新書）で、確率や統計をカンタンに解説したのが執筆のキッカケになりました。

統計的な話を、実践的なビジネスの話で展開してほしい。仕事で使える具体的な技や考え方を紹介してほしい。そんな声から生まれたのが本書です。

今回は、営業、マーケティングなど販売面を中心に話を進めます。

成績が上がらず、将来に不安を抱える人は多いはずです。これまでの職場を離れ、販売や営業の仕事を何とか見つけて、気持ちを新たにしている方もいるでしょう。ようやく採用された新入社員が、営業職として、最初のスクリーニングを受けるケースもあります。

20年前の私もそうでした。新人として配属された営業支店で結果を出すことが、本社に戻り、会社の中核部門でキャリアを築くための第一関門だったのです。

営業やマーケティングは、スーパーマンが秘儀を使って、実績を出す職種ではありません。統計的なルールに従って、メカニカルに数字が上がる世界。本書を貫くメッセージはこの1点です。

統計的（Statistics）な販売・営業のメカニクスを体得すれば、働く企業が変わっても、扱う商品が変わっても、顧客が変わっても、職務を全うできます。

しかも、このメカニクスは努力して身につけるものではなく、理解できれば自然と体の一部になるのです。半年後の予測が難しい昨今、ビジネスキャリアのリスクヘッジができる基本スキルは、いざというとき武器になるのです。

統計的な営業のメカニクスは、起業にも役立ちます。アイディアと熱意と営業力があり、モノが売れてはじめて会社は動き出すもの。社長は一番の営業マン。壮大な夢をかなえるためにも、頭と体を動かす基本は不可欠です。

本書が、ビジネスを生き抜くヒントと少しの勇気を与えることができたら、こんなに嬉しいことはありません。

contents

chapter 1

営業活動の標準確率モデル

01

驚異の「888メカニクス」

おもしろいほど契約が取れたコピー機営業の秘密

まずは事例を紹介しましょう。事務機器のエコ営業モデル、とも呼べる手法です。

某コピー機販売会社では、多くの営業マンがマニュアル通りの飛び込み営業をしていました。そんな中、1人の営業マンは売ることをやめます。

そして、

「代わりに担当エリアの事業所を回り、使用中の事務機器のメーカーとリース料、契約期間、1日のコピー枚数を調べた。営業しないから上司は怒り心頭。

しかし、データが完成した後は、更新期が来た事務所を訪問し『この機会にコピー機を変えると、こんなに節約できます』と切り出すだけで、面白いほど契約が取れました」

と成功したのです（出典：日経ベンチャー2008年11月号）。あるベンチャー企業の社長が、若い頃に実践した営業手法です。

購買ニーズが発生したときに商品を売りに行く。買い手が欲しいと思ったタイミングなので、高い確率で買ってもらえます。

コピー機は、一度導入すると、頻繁には契約先を変更しない製品です。

新しい製品を導入し最初は機能に満足しますが、だんだんと不具合や不満が出てきます。月額のリース価格、個別のコピー単価、機器の使い勝手などなど。リースのタイミングが切れる頃、担当者は「もっと安くて、良いコピー機はないものだろうか？」と考えます。

事例では、このタイミングをうまくとらえていました。

おそらく、「コピー機のリサーチをしていますので、しばしお時間頂戴できますか？」「今のご利用状況から、もっと御社に適したご提案ができると思います」などとアプローチしたのでしょう。結果、訪問して担当者に会う最初のハードルをうまく越えました。

担当者からOKが出て、使用中の事務機器のメーカーとリース料、契約期間、1日のコピー枚数などの情報が得られれば、仕込みは半分終わったようなもの。あとは、どんな提案をすれば大幅なコスト削減メリットが出るか、具体案を考えればよいのです。

件のベンチャー社長が営業マンだった時代は、ネット上での価格比較サイトもありませんでした。この営業手法が効果的なわけです。

コマツのGPSマーケティング

建設機械の製造販売で有名な、コマツ社の事例も多くの示唆を与えてくれます。注目すべきは、KOMTRAX（コムトラックス）というサービス。GPSを活用し、多くの情報管理ができます。

建機にはGPSが装備されており、車両位置情報がわかります。保守管理メニュー「車両モニタコーション履歴」では仕業点検の実施状況が確認できます。

エンジンオイルレベルの低下、冷却水オーバーヒートなど、建機車両に不具合が起こりそうな場合、事前にコーション（注意喚起）を出すのです。

「交換情報」では、交換が必要な部品や時期などが表示されます。

「燃料フィルタ交換時期まで30時間です」「エンジンオイル交換時期がきました」「作業油タンクブリーザ交換時期まで6時間です」といった情報です。建機ユーザーは、こうした情報を得ることで、建機をベストの状態にメンテナンスできます。

稼働管理情報では、「車両ごとに位置、稼働時間、車両モニタコーション情報などを日報形式でまとめて表示します。昨日1日の稼働時間、稼働時間帯、燃料残量が一覧表示されるため、作業日報代わりにも活用いただけます」と説明されています。管理者が重宝する情報です。

こうした情報が建機ユーザーに有益なのはもちろん、コマツの営業にも役立ちます。どの車両に修理や部品交換というメンテナンス需要があるか、データ管理ができるのです。

車両Aはオイル交換が必要、車両Bはコーションの出ている燃料系の補修が必要など、ピンポイントで需要の発生がわかります。ここで提案を行えば、商品やサービスを販売できる可能性は高くなります。コピー機販売のケースと似ています。

成約率を決めるコンバージョン・レート

簡単な確率計算を交え、販売活動を考察しましょう。

販売活動を、「訪問」「提案」「クロージング」の3ステップに分解します。

商談が成立するには、3つのステップを順番にクリアすることが必要です。すべてをクリアできる確率は、3ステップの突破率を掛け合わせた数字になります。

営業や販売では、この突破率を「減耗率」と定義します。マーケティングでは、コンバージョン・レート（conversion rate）と呼びます。

企業を訪問しても、決定権を持つ担当者に会えるとは限りません。提案内容が相手の心に響く可能性は何割ぐらいでしょう？　商談が最終ステップに進んでも、条件が合わないとクロージングできません。

3つのステップのコンバージョン・レートがそれぞれ50％だとしたら、商談成約率は何％になるでしょうか？

訪問成功率（50％）×提案成功率（50％）×クロージング成功率（50％）
＝商談成約率12・5％

なんと約13％です。図表1－1のようなイメージになります。

100回訪問しても成約できるのは13回。残りの87回の商談は失敗です。

図表1-1
555メカニクス

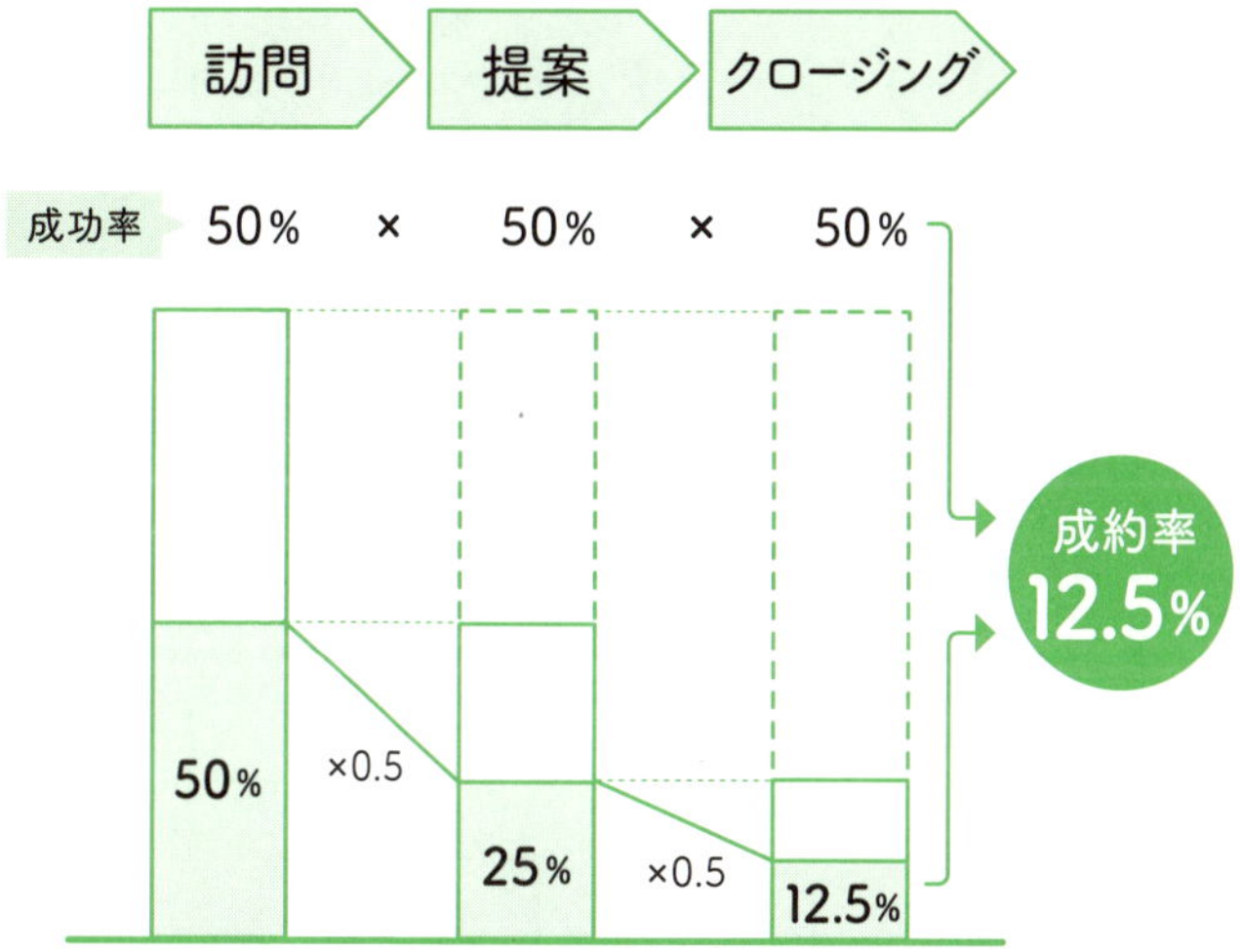

販売活動を「訪問」「提案」「クロージング」の3ステップに分解する。3つのステップを順番にクリアして商談が成立する確率は、各ステップを突破できる確率を掛け合わせた数字になる。各ステップの突破率を「コンバージョン・レート（conversion rate）」と呼ぶ。3ステップのコンバージョン・レートがそれぞれ50％だとすると、商談の成約率は次のようになる。

0.5（訪問成功率）×0.5（提案成功率）×0.5（クロージング成功率）＝0.125（商談成約率）＝12.5％

各ステップをクリアできる確率が50％だと成約率はもっと高く感じます。3〜4割の確率で成約できそうですが、現実は厳しいのです。

では、前述したコピー機営業とＫＯＭＴＲＡＸの事例はどうでしょうか。どちらも、訪問・提案の最初の2ステップを高い確率でクリアし、クロージングに進んでいます。

コピー機の事例では、事前にデータ収集をしていました。ニーズが発生したタイミングでセールスができるため、訪問成功率、提案成功率とも高くなります。各ステップでのコンバージョン・レートを、8割と見積もると、成約率は次のようになります。

訪問成功率（80％）×提案成功率（80％）×クロージング成功率（80％）

＝商談成約率51・2％

5割の確率で成約できる営業活動です。とても効率的です。グラフでイメージすると、図表1－2になります。

図表1-2
888メカニクス

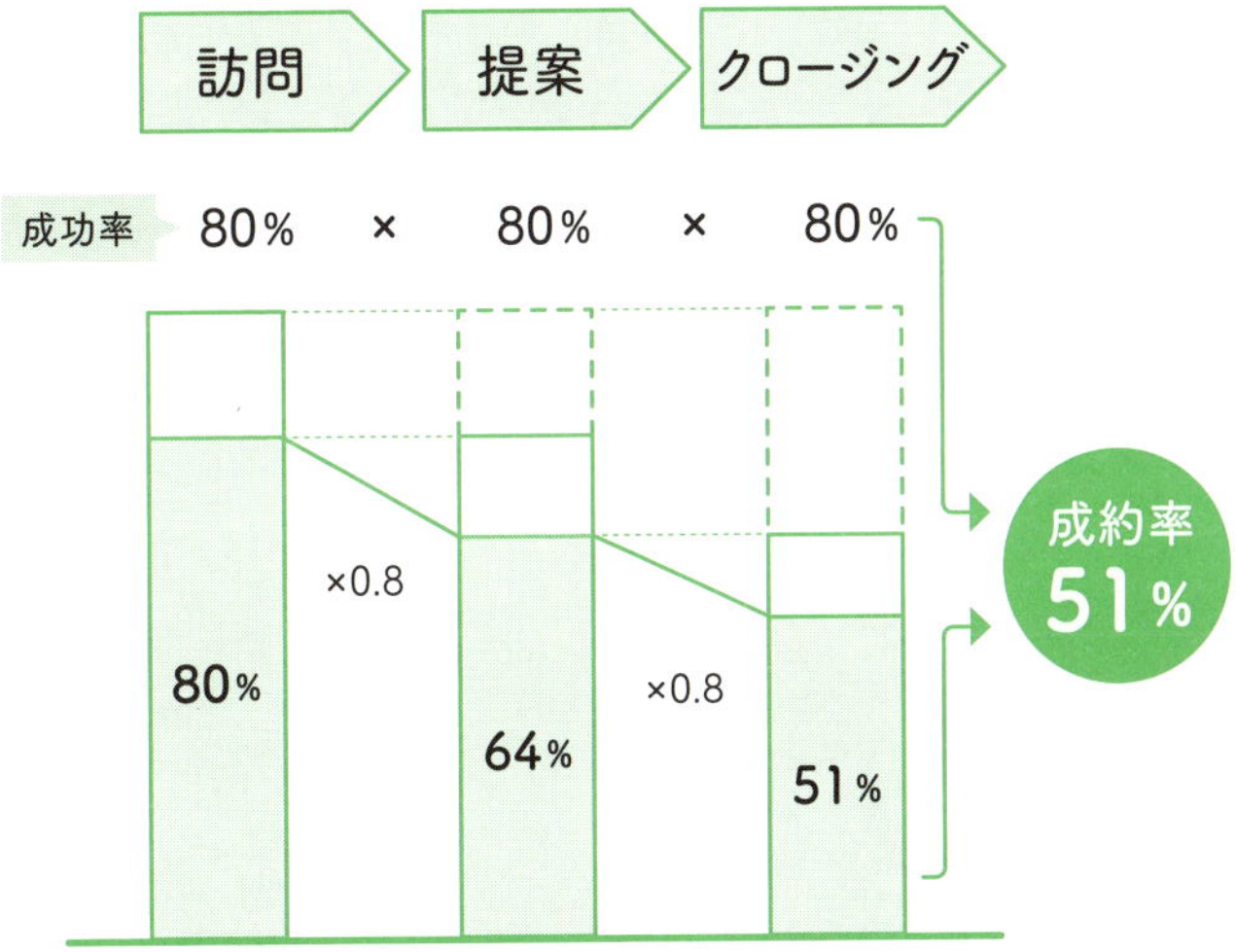

顧客の購買ニーズを的確に把握できる仕組みがある販売活動は、各ステップのコンバージョン・レートがいずれも80%と高いと見て、成約率は次のように想定できる。

0.8（訪問成功率）×0.8（提案成功率）×0.8（クロージング成功率）＝0.51（商談成約率）＝51%

コマツのＧＰＳマーケティングも、販売成功率は似たような数字になりそうです。ざっくり確率を計算すると、次のような式になります。

告知成功率（90％以上）×商品・サービス提案成功率（80％以上）×クロージング成功率（80％以上）

＝販売成功率 57・6％

この考察の通りだとすると、6割近い成功率を見込めます。10回お知らせして約6回は部品やサービスを買ってもらえます。高い確率です。

本書で定義するメカニクスは、このように確率を理解した上で、最も効率的にビジネスを進めることです。

統計（Statistics）、営業（Sales）、成功（Success）のＳからＳメカニクスと総称します。統計的な成功率に従ってモノを売るメカニクスという意味と覚えてください。

成功・成約に至る3ステップをクリアできる可能性は、タイプ別に分類できます。業界や販売のスタイルによって、成功率はある一定の確率に収斂するのです。

コピー機やコマツの事例では、各ステップのコンバージョン・レートが80％でした。よって80％の8を取って、888メカニクスと定義します。訪問・提案・クロージングといった成約に向かう3ステップが、それぞれ80％の確率でクリアされるという意味です（以降、555メカニクス、335メカニクスといった別モデルも登場します）。

Sメカニクスは、販売、営業、マーケティングなどの売上に結びつく活動の標準モデル、と考えればよいでしょう。実際のビジネスでは、多くのバリエーションが存在しますが、標準モデルのメカニクスを応用すれば、確率計算ができます。

確率の法則に従って、オートマチックに結果が出てくる。営業やマーケティングは、メカニカルに実績が上がる仕組みと言えます。

プロフェッショナルは基本通りに体を動かす

メカニクスは、スポーツ選手の体の動かし方に似ています。

野球のピッチャーが打者を打ち取る確率は約7割、ヒットやフォアボールなどで出塁する確率は約3割。野球はピッチャーに有利なゲームです。1軍の先発陣やセットアッパー、クローザーに上り詰めた者は、7割の確率で打者を封じるスキルを持っています。

投手は、投球メカニクスと呼ばれるピッチングフォームでボールを投げます。体をメカニカル（自動的）に動かすのです。

体重移動を行う。ひじを支点とし、腕を振ってボールにスピードを乗せる。手首を支点としたテコの原理で加速をつける。3つの基本動作はメカニカルに組み合わされます。

スピードを追求し、体をダイナミックに使うメカニクスもあります。投球フォームを安定させ、コントロールを優先するメカニクスもあります。メジャーリーグで活躍する投手が、フォームの修正を「メカニクスの話」と言う姿からは、プロフェッショナルな姿勢を感じるものです。

科学的に根拠ある体の使い方、頭で納得できる理由で、投球メカニクスは構成されています。ゴルフのスイングメカニクス、バッティングのメカニクスなど、スポーツの世界ではメカニクスがあふれているのです。

仕事も同じです。根拠のない仕事術は百害あって一利なし。単なる根性論や、過去の成功体験が使えるとは限りません。身につけるべきは、ビジネスで機能するメカニクス。基本をマスターしないと、結果はコンスタントに出ないのです。

効くかどうかわからない成功法則を必死に実践するより、確率の法則に乗って、淡々と結果を積み上げていく。そんなスタイルを身につけたいものです。

888メカニクスを成立させる条件

888メカニクスは効率的に成果が出ます。しかし、このメカニクスが機能するには、インフラ整備が不可欠です。

相手のニーズが顕在化するタイミングがわかる。自社の商品やサービスに競争力があり、顧客の意思決定者に簡単にアプローチできる。顧客から信頼を得ている。

こうしたインフラが整うと、888メカニクスが効力を発揮します。

コピー機営業の場合、事前のリサーチ活動で、総務部長などの決定権を持った人とコンタクトできたのでしょう。他社より魅力的なオファーを出せる情報が入手でき、リースが切れるタイミング、ニーズが発生するタイミングがわかれば契約が取りやすくなります。

コマツの場合、部品の交換ニーズやメンテナンスのニーズが発生するタイミングは、GPSが送ってくれます。KOMTRAXを利用しているユーザーの担当者は、決定権を持っており、純正パーツやメンテナンス品には、専用商品としての優位性があります。建機がトラブルなく稼働することで信頼も得られているでしょう。

きっちりとインフラが整うことで、888メカニクスが機能したのです。

02

「555メカニクス」の成果を伸ばす

成功率を考えれば気持ちも動きも変わる

現実の世界では必ずライバルがいます。お客さんのニーズをテレパシーのように察知することはできません。売上確定に向けた3つのステップを確実にクリアすることが求められます。

ルートセールスや法人営業は、成約確度の高い販売活動です。お客さんを訪問して、買ってほしい商品やサービスを紹介する。もしも興味を持ってくれたら、次回訪問時には、より具体的な提案を行う。商品やサービスの詳細説明や、顧客へのメリットなど、相手の腑に落ちる内容を伝えます。運が良ければ、クロージングのプロセスに入ります。価格や納期などの交渉を行い、注文書を頂戴して商談成立。あとは無事に商品が納品されるのを祈るだけです。

成約率はどれくらいでしょう?

当てずっぽうで提案活動を行うのではないため、各ステージをクリアできるコンバージョン・レートはそれなりに高いはず。しかし、それが7割近いと考えるのは統計的に無理があります(chapter2で、偏差値を使って解説します)。最大で5割ぐらい。2回に1回は次のステップに進めると仮定すると、商談成約率は次のようになります。

訪問成功率(50%)×提案成功率(50%)×クロージング成功率(50%)

=商談成約率12・5%

先ほど解説した、図表1−1のイメージになります。555メカニクスと呼べる標準モデルです。

各ステージのクリア率が5割あっても、最終的な成功率はわずか13%ほど。感覚的には3〜4割になりそうでも、実際には13%が現実の数字です。

ここで、発想の転換が必要になります。

「13％の確率で商談が成功する」と考えると、気持ちも体の動かし方も変わります。13％という確率を整数に直すと、わかりやすいでしょう。

100回訪問して、売れるのは13回。8回訪問すれば1件売れるということ。87回は無駄足になりますが、いつか必ず成約できる。腐らず、焦らず、淡々と、という態度でいれば、結果は必ずついてきます。

営業先をよく知ることが大前提

MR（医薬情報担当者）は、医師や病院に医薬情報の提供をします。医薬品を取り扱う営業マンです。担当エリアを持ってルートセールスするのが仕事です。

他業界で働く人からすると少々現場感をつかみにくい営業職ではありますが、555メカニクスの典型的な事例です。

医薬品の営業も、他業界の営業と大きくは異なりません。医師や病院を訪問し、自社医薬品の取り扱い提案を行い、処方薬として採用してもらいます。

　この営業職の特徴は、医師が自分で医薬品を仕入れるのではなく、処方された医薬品が健康保険と個人負担で払われる点でしょう。仕入の段階では価格交渉がなく、商品力や営業マンのスキルが成約率を左右します。この点がメカニクスへ示唆を与えてくれます。

　各ＭＲは、数十から多い人では１００件以上の担当を受け持ちます。医師のもとを毎月訪問し、自社の医薬品を採用してもらう、体力勝負の仕事です。

　１日10件、月に20日間営業すると、訪問できる件数はのべ２００件。担当件数が１００件として、担当医師１人当たり、月に2回訪問できる計算です。

　訪問ごとに自社の医薬品を採用してもらえれば楽ですが、医薬品業界も競合他社がひしめいています。１回の訪問で採用されるほど甘くないのです。

　ある医薬品の提案が採用されるまでには、やはり3つのステップをクリアする必要があります。相手の顔や性格がわかった上で提案活動を行うだけに、コンバージョン・レートは低くはないものの、7～8割の確率で各ステップをクリアするのは不可能です。

　楽観的に考えても、コンバージョン・レートは5割程度でしょう。まさに、成功確率13％の５５５メカニクスです。

MRで実績を上げるには、担当する医師や病院についてよく知ることが重要です。何時から何時までが忙しいのか、最近はどこの医薬品を採用しているのか、患者さんには何か特徴があるのか。こうした基本情報から、医師の趣味、看護スタッフの顔ぶれや好きなお菓子まで。ルートセールスは、相手に気に入られることが大前提ですから、そのための情報は多い方が身を助けます。

情報収集力や気配り力を発揮して、ようやくコンバージョン・レートは5割になります。病院を訪問する時間を間違えると、医師は次々と訪れる患者さんの診察に忙しくて、会うことはできなくなります。すると、次に訪問を予定していた先への時間もずれて、非効率的な営業活動を強いられます。

競合他社の情報を持っていないと、自社医薬品の提案に説得力がなくなります。医師が、医薬品の効果を最優先するのか、あるいは患者さんの費用負担に重きを置くのかで、提案内容は変わってくるのです。

相手のある営業活動で、各ステップを5割の確率でクリアするのは大変なのです。段取り力、情報収集力、機転の利く対応、人に好かれるルックスや性格など、相当な人間スキルが求められます。

コンバージョン・レートを引き上げる

スーパーマーケットへ商品提案を行うメーカーの営業、スポーツ専門店へ商品提案を行うスポーツアパレルメーカーなど、複数メーカーの商品を取り扱うチャネルへ営業する法人営業も、５５５メカニクスの典型例です。

商品開発部が手塩にかけた新商品でも、二つ返事で仕入れてくれるとは限りません。まずは、商品説明で先方を訪問し、興味を持ってもらって、ようやく次の提案ができます。最終的に仕入れてもらえるかは、こちらの条件次第。価格や納期が相手の要望を満たせなければ、素晴らしい商品も売り場に並びません。

３つのステップをクリアするためには、相手の「ＯＫスイッチ」が必要になります。スイッチを押してもらうために、何が決定打になるのかは、実際に話をしてみないとわかりません。ここが５５５メカニクスの難しいところです。営業の醍醐味でもありますが、ストレスはたまります。おみくじを引いて運試しをするようなものです。

13％の成功率をもう少し上げたい。

成績優秀な営業マンのやり方を参考にしたり、成功事例を本で読めば、各コンバージョン・レートは改善しそうです。5割が6割になると、それだけで成約率は20％アップ。提案がうまい人、クロージングが得意な人など、身近なところにも教科書はあります。組織としてノウハウを蓄積している企業もありますし、材料はたくさんありそうです。SFA（セールスフォースオートメーション）を導入している企業もあるでしょう。

自分の各コンバージョン・レートを、自社の平均や優秀者と比較できれば、改善すべきポイントが見えてきます。誰を教科書にしたらよいかのヒントも得られます。成績優秀者は色々とネタを持っていそうです。できる人に訊くのも手です。

とはいえ、コンバージョン・レートを高めるスキルは、生まれ持った才能によるところも大きいものです。

話し方などはトレーニングである程度までは上達しますが、うまい人は教わらなくてもうまいのです。文章や提案書作成もまたしかり。生まれながらに、相手のツボがわかる人もいます。察知力や気づきの力が飛びぬけている人もいます。何もしなくても好かれる雰囲気を持った営業マンもいます。

モテ男、イケメンがいるのと同じです。天賦の才に恵まれなかったのなら、過剰な努力は時間と労力の無駄です。やるべきことは他にあります。

結局は、訪問数が実績を決める

2人の営業マンに登場してもらいます。555メカニクスの会社で働いているAさんとBさんです。

Aさんの成約数は6件、Bさんの成約数は13件でした。この2人の差はどこから生まれたのでしょうか。

Aさん：成約数6件＝訪問件数50件×成約率（12・5％）
Bさん：成約数13件＝訪問件数100件×成約率（12・5％）

Bさんの訪問件数は、Aさんの2倍。訪問数の差が成約件数の差を生み出しています。

これが555メカニクスで結果を出す方法です。何よりも訪問数を稼ぐこと。事前にアポ数を積み上げることが肝心なのです。

もちろん、他の方法もあります。

Aさんが仕事の合間に学校に通い、提案力を磨き続けたとしましょう。結果として、提案のコンバージョン・レートが2割アップしたら、成約率は15％になります。

訪問成功率（50％）×提案成功率2割アップ（50％→60％）×クロージング成功率（50％）
＝商談成約率15％

訪問数が50件なら成約数は7〜8件です。現状の成約数が6件ですから、増加数はわずかに1〜2件です。

一方、Bさんのように訪問数を倍に増やす努力で、成約数は13件まで増えます。あなたがAさんだとしたら、どちらを選択しますか？

Bさんは担当先に恵まれている。アポを取りやすい相手ばかりだし、巡回訪問向けのエリアを担当している……。そんな言葉が聞こえてきそうです。

しかしAさんは、全力でアポ取りしているのでしょうか？　空き時間を活用して、訪問数を最大まで増やす努力をしているか疑問です。

計算上は、スキルアップで実績は上がりますが、成約数を増やしたいのなら、アポ数や訪問数を増やすのが近道なのです。

MRの場合も、業界内の専門家にインタビューすると、アポ取りができて、訪問数を稼げる人は成績が良いそうです。効率的に、空き時間なく医師をコールできる工夫が求められます。要は、頭の良し悪しではなく、仕事に取り組む姿勢の問題。多くのドクター・コールに成約数がついてきます。

アパレルメーカーの営業やスーパーマーケットへ提案営業を行う企業なども同じです。自社商品を売り場においてもらうためには、現場に行き商品の魅力を伝え、相手に受け入れられる条件を出すことが必要です。

555メカニクスに秘策なし。とにかくお客さんのところに行くことです。

03

「335メカニクス」の確率を上げる

555メカニクスの営業は、恵まれた環境で仕事ができています。アポを取る相手の顔がわかるからです。事前に情報を持って行動するのと、まったく情報なしに行動するのでは、確率は大きく変わるのです。

不特定多数を相手にする商売

これに比べると小売店での販売、ネットでのダイレクト販売、通信販売、飛び込み営業やテレホンセールスなど、不特定多数相手の商売では、3つのステップをクリアして、購買までたどり着ける確率は悲しいぐらい低いのです。

営業活動を例に試算すると、次のような数字です。

訪問成功率（30％）×提案成功率（30％）×クロージング成功率（50％）
＝商談成約率４・５％

成功確率はわずかに５％。これが３３５メカニクスの現実です（図表１－３）。

１００回トライして５回の成功。あるいは、20回に1回だけ結果が出るゲームです。ほとんどのトライアルは失敗に終わります。

よって、最初から５％しか成功しないと割り切り、行動をすることが求められます。また、それを支える心の持ち方や姿勢も重要です。

AIDMAモデルとの類似性

３３５メカニクスは多くの場面に当てはまります。ネットでのマーケティングにも応用できる考え方です。３つのステップを買い手の立場に翻訳すると、より適応できる範囲が広がります。

興味を持つ確率(30%)×その商品・サービスを欲しくなる確率(30%)×条件を検討した上で購入する確率(50%)
＝購入率4・5%

マーケティングに詳しい方なら、ＡＩＤＭＡモデルに似ていると気がつくでしょう。顧客の購入プロセスは、５つのステップに分解できるという考え方です。具体的には、

Ａ(Attention)：気がつく、注意を喚起される。
Ｉ(Interest)：興味を持つ
Ｄ(Desire)：欲しくなる
Ｍ(Motivation)：購入する動機（モチベーション）が湧く
Ａ(Action)：購入する

という内容です。購入に至る気持ちの変化を丁寧に追っています。

これを３つのステップに簡略化したのが３３５メカニクスです。

図表1-3
335メカニクス

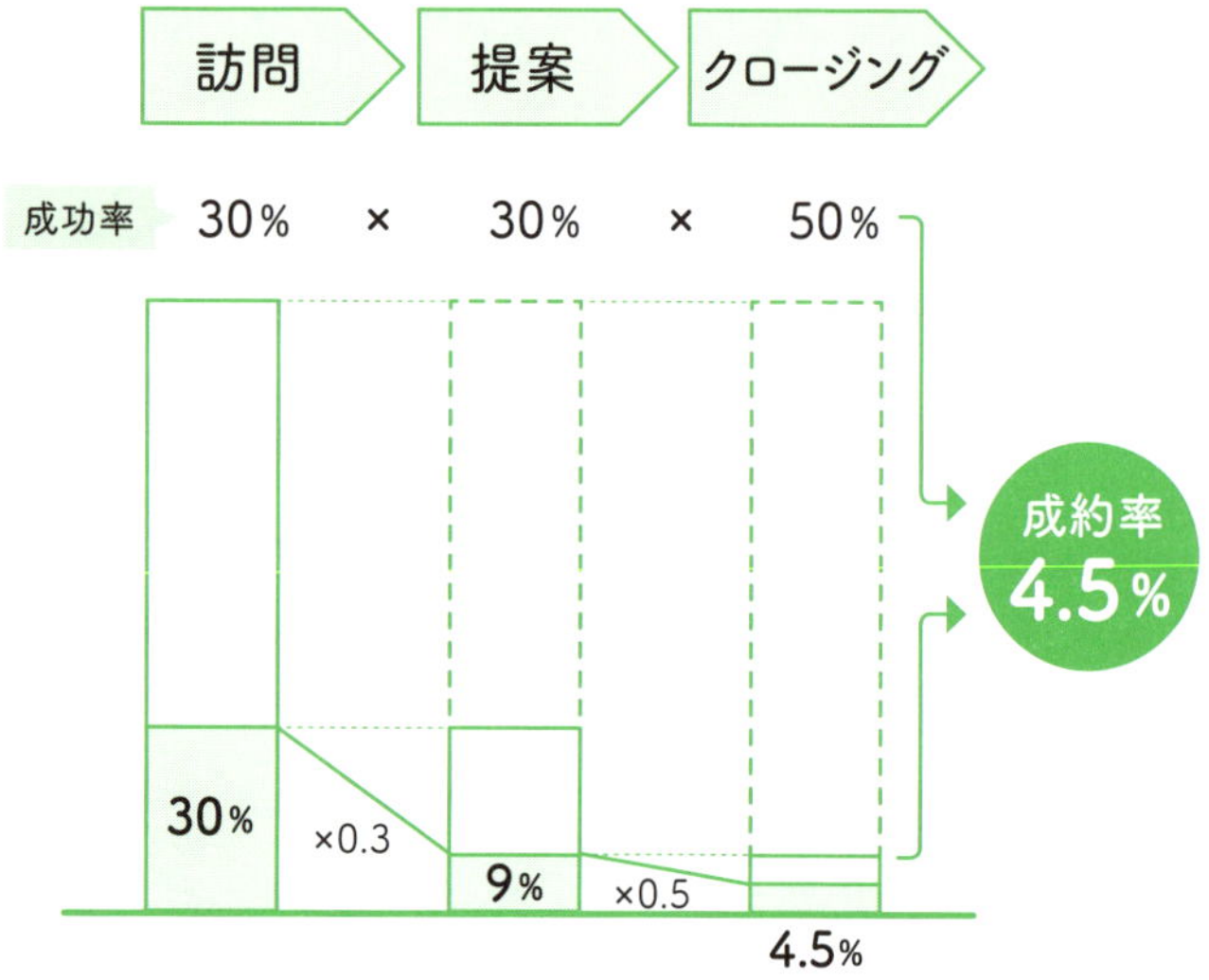

不特定多数の相手に購入してもらう小売店やネット販売などのビジネスでは、各ステップのコンバージョン・レートが低いと見て、成約率は次のように想定できる。

0.3（訪問成功率）×0.3（提案成功率）×0.5（クロージング成功率）＝0.045（商談成約率）＝4.5％

実際、ＡＩＤＭＡモデルは３つのステップに集約できます。営業は顧客を訪問した時点から始まるので、最初のＡ（Attention）はクリア済みです。販売のケースであれば、すでに入店していたり、ネット販売のページにたどり着いた時点からプロセスが始まるので、同じことが言えます。よって、Ｉ（Interest）興味を持つから、購入のステップがスタートします。

次にＤ（Desire）欲しくなる、というステップに移ります。目の前にある商品やサービスを、「自分のこと」として検討し、購入したらどんなことが起こるか、どんな気持ちになるかを想像します。「当事者化」「自分化」とでも言える検討行動です。その人が購入を検討するため必要な追加情報が求められます。

Ｍ（Motivation：動機）とＡ（Action：行動）は１つに集約できます。値段や納期、支払い方法など、購入プロセス固有のハードルを越えるためのステップです。購入する動機、自分にとって意味があるから買うという意思決定をしていなければ条件の検討はしないので、ＭとＡは一体と考えてもよさそうです。

これらを整理すると、

I：興味を持つ確率（30％）
D：その商品・サービスを欲しくなる確率（30％）
A：検討・吟味した上で購入する確率（50％）
という、メカニクスになります。

I（Interest）とD（Desire）はなぜ30％なのでしょう？

統計的な意味は後ほど解説しますが、要は「野球の打率ぐらい」と考えればよいのです。バッターがヒットか四球で出塁する確率は3割ぐらい。さまざまな球を投げる投手に対応するのは大変です。野球はピッチャーが好きなボールを投げられます。投手に有利なゲームになっているのです。

販売や営業活動も同じです。

興味を持つか、欲しくなるかは相手次第。売り手が意のままにコントロールできるものではありません。受け身で行動しながら高い確率でゲームを進めるのは難しい。なので、ここでは野球の出塁率と同じ3割ぐらいと考えるのです。

最後のA（Action）、つまり条件を検討した上で購入する確率は50％と見積もっています。すでに2つのステージをクリアしているので、5割と設定しています。商品やサービスに興味を持ち、自分のこととして考え、購入したい気持ちになっていたら、かなりの確率で購入してくれそうです。しかし、最後になって、値段や納期で二の足を踏むことはあるものです。

どちらに転ぶかわからない、でもそれなりに高い確率で結果を期待できるかもしれない。コインを投げて、表か裏かを占うゲームに似ています。よって、確率は半々、50%と数字を仮置きしているのです。

店頭販売は335メカニクスの典型例

具体的な事例を見てみましょう。

たとえば洋服などの店頭販売です。お客さんは、新聞に折り込まれたチラシを見たり、出かけたついでに、ふらっと店舗にやってきます。店内で多くの商品の前を通り過ぎると、ある商品の前で興味を持って立ち止まります（Interest）。その商品を手に取り、商品説明を読み、実際に試着して自分化できるか考えます（Desire）。そして、価格やサイズ、色などを最後まで吟味して購入を決めるのです（Action）。

日用品を買うときも、こうした3つのステップを踏んでいます。販売店で商談をする自動車販売や、家電量販店での販売も同じです。

店舗を訪れたお客さんが335メカニクスで商品購入する確率は5％。来店者が100人いて、5人が商品を購入してくれる計算です。あるいは来店20人につき、1件のお買い上げです。次々とお客さんがやってくる店舗に活気があって、商品がバンバン売れるのは、なるほど理解できます。

頭で考えているだけではわからない

ネット通販や、コールセンターを使ったダイレクト販売も、購入に至るプロセスは似ています。

広告やネットニュースなどを見て、顧客は通販サイトのホームページを訪問します。興味を喚起される商品があれば、クリックしてその商品のページに進みます。そこで、商品説明や口コミ情報などを参考に、購入ページに進みます。クレジットカード決済にするか、銀行振込にするか、配送先はどこにするか検討して、購入完了ボタンを押します。

各コンバージョン・レートは、やはり335と似たような数字になるでしょう。サイトが見にくかったり、情報や口コミの信頼性が低かったりすると、最初の2ステップでコンバージョン・レートは低下します。一方で、頻繁に利用するオンラインショッピングサイトで、すでに決済情報などを登録してあれば、最終ステップでのコンバージョン・レートは上がるでしょう。ネットショッピングでは、こちらからアプローチして情報を補足できないために、お客さんの行動に依存する度合いが高くなります。

コールセンターを使ったダイレクト販売も、基本は同じです。

広告などを見て興味を持ったお客さんが電話をかけてきます。商品の性能や使うことのメリットなど、詳しく情報を載せた広告であれば、購入ステップの各コンバージョン・レートは上がります。一方で、テレビのニュース番組で商品が取り上げられた、といったケースでは、また興味が固まってない「冷やかし」のお客さんも多く、初期対応には時間と手間を取られます。

お客さんからの質問に丁寧に答え、商品の自分化プロセスが完了すると、最後のハードルに向かいます。「今ならお値段30%オフです」といったひと押しがあると、コンバージョン・レートが上がることもあります。少々あざとい商法のため、使い方には気をつける必要がありますが。

私も過去に、オンラインでの銀行口座開設や金融商品の販売、クレジットカードの入会促進や保険販売、メルマガを使ったネット通販やコールセンターを使ったダイレクト販売など、多くのプロジェクトに関わってきました。マーケティングの実務担当者だった時期もあります。

こうした経験を通して気づいたのは、どんなケースでも成功率は335メカニクスの5%のような水準に落ち着く、ということです。

1%を下回る場合もあるし、10%近いこともあります。商品力やこちらのプッシュの仕方で数字に幅はあるものの、いずれにせよ1ケタ%というのが、このメカニクスでの期待値です。

決定権はお客さんが持っています。商品開発やマーケティングプランを検討する際、どんな商品特性や情報が魅力的か、事前に調査や議論をしています。仮説通りお客さんが反応してくれることもあるし、ノーリアクションのこともあります。

いくら頭で考えても、やってみないとわからない。

実務から得た教訓はこんなことです。絶対に正しい仮説を作るのに時間をかけるより、実際に現場で試してデータを集める。こうした作業を繰り返して、ようやく正解にたどり着けるのです。

飛び込み営業は、どうすればいいのか？

飛び込み営業の場合はどうでしょうか？

基本は335メカニクスが成立します。訪問に成功して担当者と話ができれば、次のステップに3割ぐらいの確率で進めるでしょう。商品提案が成功するのも3割ぐらい。最後のステップまでこぎつければ、商談が成立する確率は5割ほどまで上がるかもしれません。

しかし、飛び込み営業の場合、訪問の前にクリアすべき高い壁があります。「面会させてもらう」という壁です。

それは事前の電話アポ取りかもしれないし、直接出向いてアポなし面会をお願いすることかもしれません。そう、335メカニクスの前に、さらに確率が低いプロセスが必要なのです。

店舗での販売やネット通販でも、同じことが言えます。

来店してもらうには、通行量の多いエリアに店舗を出すことが不可欠です。テレビ広告や新聞広告で、お客さんに来店してもらうキッカケもいります。何もしないで来店客数は増えません。時間と労力をかけて、来てもらう仕掛けを作ります。

ネット通販であれば、ネット上の広告やさまざまなリンクで、自社サイトへの導線を確保します。検索エンジンで上位に表示されるSEO対策など、すでに多くの手法が確立されています。最近では、SNSを使ったマーケティング手法を実践している企業もあります。最初のハードルを越えるのは、大変な労力です。

アタック数を増やすことが何よりも大事

飛び込み営業に話を戻しましょう。

店舗での販売やネット通販と違って、飛び込み営業の営業マンは、広告やテレビなどの飛び道具は使えません。だから自分が飛び道具になるのです。営業マンが、飛んで、飛び込んで、顧客のもとに入り込む。広告やPR予算を、営業マンの人件費に使っているのですから当然のことです。

そして335メカニクスに持ち込むため、その前段階のアタック数を増やす。確率が限りなく低いのをわかった上でどこかにいる潜在顧客との出会いを期待し、足で稼ぐのです。

手に受話器をくくりつけて電話営業をする企業や、飛び込み営業の勇気をつけるため、集めた名刺の枚数を競わせる「名刺営業」を課す企業もあります。どちらも、アタック数を最大限まで増やすことが、結果を出す手法とわかっているのです。

今の就職活動は飛び込み営業に似ています。今回もたぶんダメだろうと思いながらも会社説明会に参加する。運が良ければ面接まで行けるかもしれない。大変なのは承知の上。それでも、可能性がゼロでないのなら、とにかく動くしかないのです。

100社以上回って、ようやく内定をもらったという話はざらです。それでも、就職先が決まらないよりはマシかもしれません。心が折れないように、人間不信にならないように気持ちをコントロールしながら、淡々と結果を求めていくしかありません。

実際にプロジェクトで営業分析を行うと、「アポ数を増やすことが売上増への解決策」

「訪問数を増やすことが喫緊の課題」という提言に帰結することが多いものです。

成功している営業マンの行動ベンチマーク分析や、さまざまな変数を使った定量分析をしても、最終的にはアポ数やコンタクト数が決め手になります。

業務プロセスの見直しや業務の効率化、成功事例の組織的共有という打ち手は、すでにアタック数が上限に達しているケースで機能します。大半の企業では、その前にやることがあります。営業マンが限界までアタックしている企業には、滅多に出会えないものです。

営業マンに求められるのは、とにかく用事を作って会いに行くことです。

行けば商談の芽が生まれる可能性が出てきます。畑に出向かなければ種も播けません。種を播けなければ、草木は育たないし、収穫できないのです。これが335メカニクスから引き出される、営業の真理です。

chapter 2

売れる確率、好かれる確率

01

世の中は正規分布でできている

カンタンにわかる正規分布と偏差値の話

これまで、8割、5割、3割という数字を漠然と使ってきました。本書の主題は、売上に結びつく活動を統計的にとらえること。そろそろ解説に移りましょう。

まずは、ビジュアルなイメージを使いながら、正規分布と偏差値の話をします。

世界は不思議にできていて、世の中の多くの物事が左の図のような正規分布になります。テストの成績、身長や体重、株価の上下、自然現象の発生度合いなどが、このような分布で分散します。大げさに言うと、宇宙の事象は正規分布になるように創られているのです。

これを逆手に取って正規分布で身の回りのことを理解すると、現実の姿が見えてきます。過剰な期待や、不必要な悲観論で一喜一憂せず、冷静に可能性を感じられます。

図表2-1
正規分布

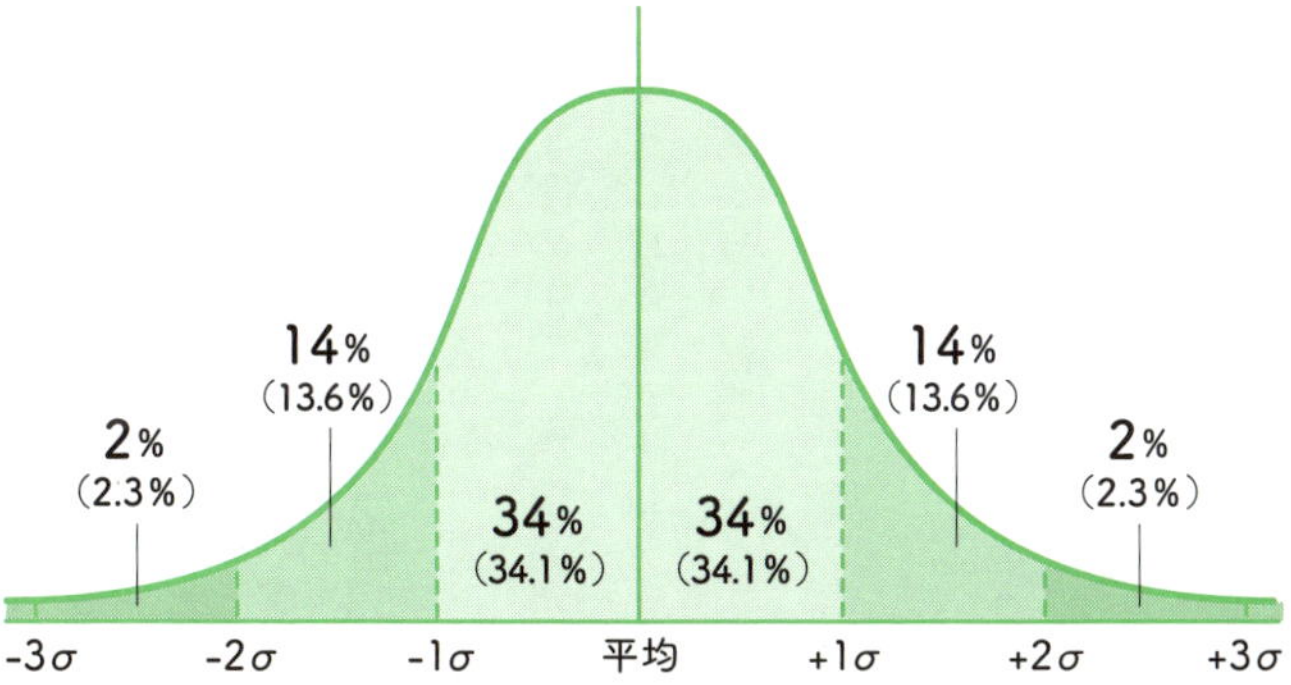

σ：標準偏差　→　データのばらつき度合いを示す数値

正規分布は、平均値（μ）の付近にデータが集積する分布のこと。グラフにすると上記のような形になる。平均値に対して標準偏差（σ）1つ分のプラスとマイナスの範囲に、全体の68％のデータが入る。標準偏差2つ分のプラスとマイナスの範囲には、全体の96％が含まれる。

A、B、C、D、E、Fという6つのデータがあったとすると、平均（μ）と標準偏差（σ）は、次のように決まる。

$$\mu = (A+B+C+D+E+F) \div 6$$
$$\sigma^2 = \{(A-\mu)^2 + (B-\mu)^2 + (C-\mu)^2 + (D-\mu)^2 + (E-\mu)^2 + (F-\mu)^2\} \div 6$$

σ^2を「分散」と呼び、その平方根σが標準偏差になる。

この正規分布を前提に決まるのが偏差値です。

受験時代にお世話になった偏差値は、統計的な考え方で算出されています。高い偏差値を目指して躍起になりましたが、偏差値を上げるとは、「平均値より遠くに行く」という意味です。受験生の母集団の中で、平均的な学力から遠く離れることです。

基準点となる平均値は、偏差値50です。

では、偏差値60とはどういう意味でしょう?

これは、母集団の中で、標準偏差1つ分(σ)だけ、平均値より上位に位置している、ということです。標準偏差とは分布がどれだけ横に広がっているかを表しています(計算式に興味がある方は、図表2－1の説明を参照ください)。標準偏差1つ分が偏差値10ポイント分です。よって、平均値の偏差値50に10ポイントを足して偏差値60という計算になります。

偏差値70は、平均より標準偏差2つ分(2σ)、中央から乖離しています。よって、50プラス20で70。平均よりも遠くにあるポイントですから、それだけ成績がずば抜けています。

と書いてもまだわかりにくいので、図表2－2を参照してください。

図表2-2
偏差値

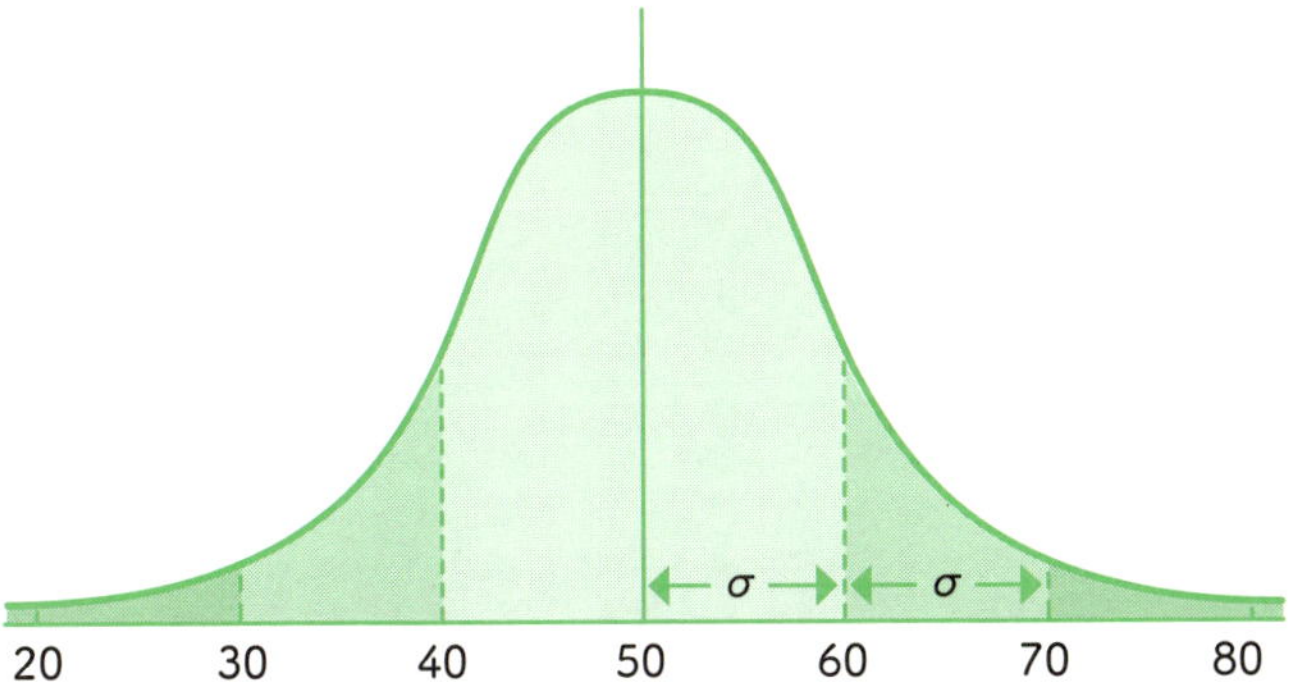

成人男性の身長が平均170センチで、標準偏差が6センチだとすると、平均より標準偏差1つ分だけ身長が高い176センチなら偏差値60、標準偏差2つ分高い182センチなら偏差値70ということになる。

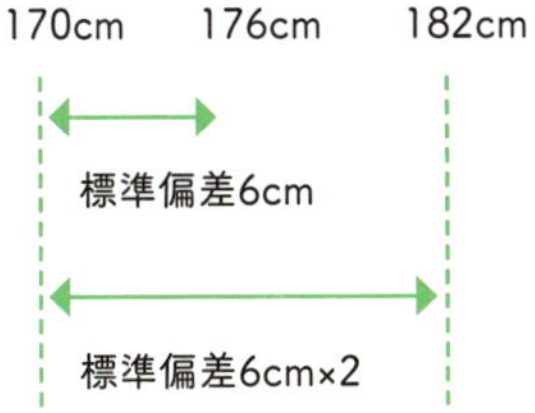

偏差値とは、正規分布のデータの位置を示す数値。平均値の位置を偏差値50として、標準偏差（σ）1つ分だけ平均を上回るところが偏差値60、標準偏差（σ）2つ分だけ平均を上回るところが偏差値70。逆に平均を下回っている場合は、偏差値は50を下回り、40、30と低下する。

偏差値60や偏差値70が、ずいぶんと右の方に位置しているのがわかります。
たとえば、成人男性の身長が平均１７０センチメートルで、計算された標準偏差が6センチだとしましょう。すると、偏差値60とは、身長のケースに当てはめると１７６センチ。偏差値70は１８２センチということです。

偏差値が高い人はどういう人か？

偏差値の仕組みがわかると、受験生時代に言われ続けた「偏差値アップには勉強量が必要」ということの意味がわかります。

偏差値を上げるためには、平均的な学生に対して相当の差分を築くことが必要です。みんなが勉強していないタイミングなら、知識詰め込みで対応できるでしょう。

しかし、テストが近づいて全員が勉強する時期になると、平均値より遠く離れる差を実現するには、平時の何倍も勉強への投下時間が必要です。平均的な学生より多くの知識を詰め込み学習をするか、応用問題の解答率を上げるために、やはり膨大な演習をこなすことが求められるのです。

高い偏差値で有名校に合格する生徒は、まさにこの学習方法を実践しています。強いサッカーチームが、しっかりとした基礎練習と、戦術ごとのパターン練習を何度も反復して習熟度を上げるのと一緒です。また、長時間の反復練習に耐えられるメンタリティーがないと、厳しい練習についていけないもの。成績優秀者として名門校に合格するには、相当なストレス耐性が求められるのです。

今度は別の視点から正規分布グラフを眺めてみましょう。

偏差値を基準に正規分布の面積を分けてみるのです（図表2−3）。

偏差値60の境界線で分けると、そこより右の面積は、残りの面積より明らかに少なくなっています。偏差値70の境界線より右側の面積は、数パーセントぐらいにしか見えません。回り道してようやく本題にたどり着くことができました。偏差値は、正規分布の概念を使って、比率や確率を表す便宜的な数字なのです。

偏差値60（標準偏差1つ分上位）であれば、そこより右が約16％で、左が84％になります。偏差値70（標準偏差2つ分上位）は、上位2％という意味です。偏差値50は平均値な

図表2-3
偏差値を基準にして分布を考える

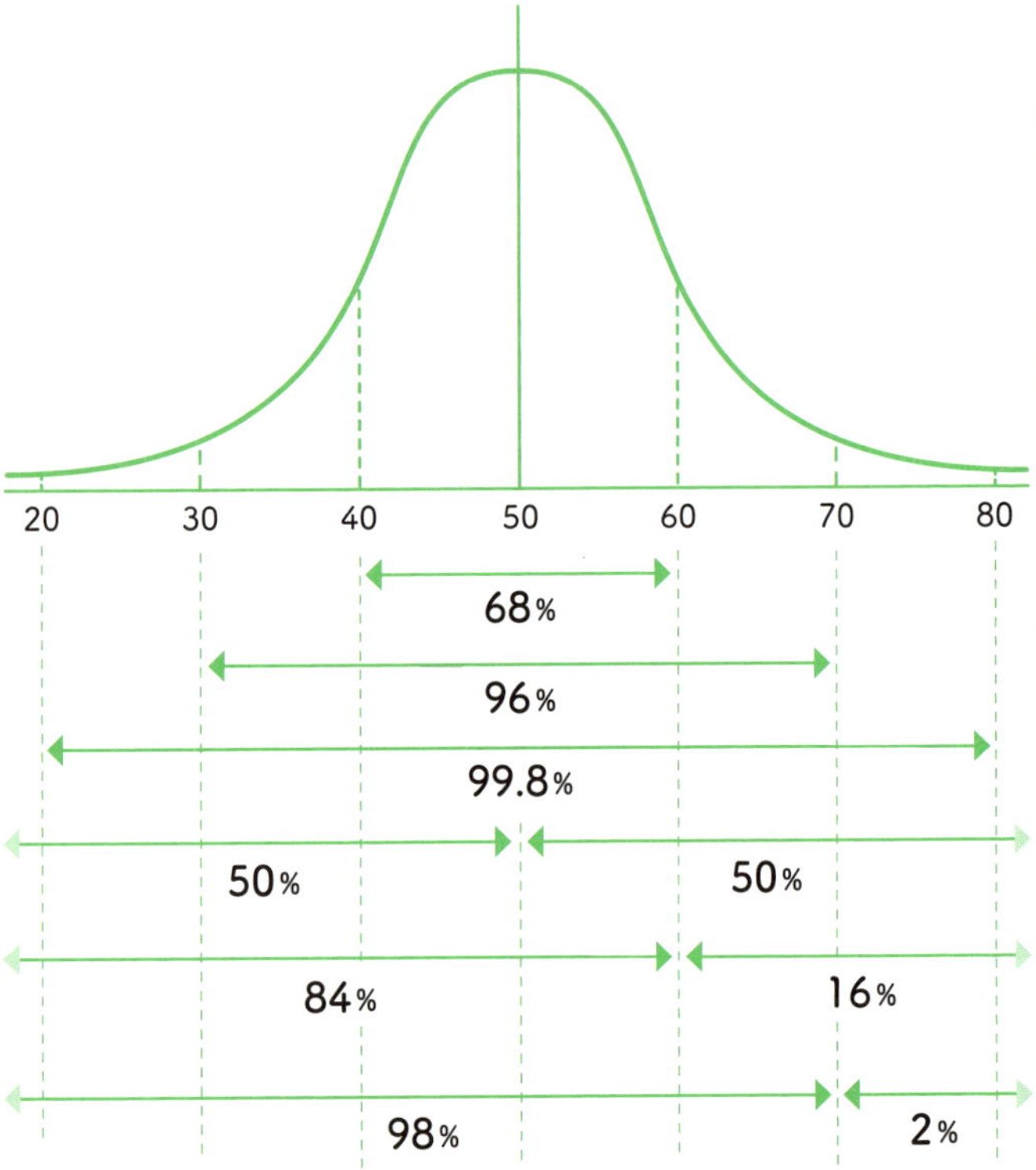

ので、右も左も50％になります。

これらをテーブルで整理すると、図表2－4のようになります。

今度は、正規分布の中央に注目してください。平均に近くなるほど、データの数は増えていくのがわかります。平均身長に近い人の数が多いのと一緒です。偏差値40～60の範囲に入る割合は68％になります。標準偏差1つ分まで中央から離れていない右左の面積は、全体の約7割ということです。

母集団の約7割は中間層、とも言えそうです。世の中は、約7割の似たような人や、意見や、物理的な事象で成り立っているという解釈もできます。

昔を思い出してみます。偏差値60を叩きだす同級生は、どんな人でしたか？

もともと地頭が良くて、しかも勉強が好きな子ではなかったでしょうか。クラスの大半を占める、平均的なメンバーとは違う人でした。

では偏差値70の学生は？

生まれながらに頭の構造が異なる、しかも知識欲が旺盛な生徒ではなかったでしょうか。普通に戦っても勉強では勝てない相手だったのを思い出します。学年に何人かは、こんな

図表2-4

偏差値60は上位何％？

偏差値	上位何％
80	0.1％
75	0.6％
73	1.0％
70	2.3％
65	6.7％
60	15.9％
55	30.9％
50	50.0％
45	69.1％
40	84.1％
35	95.2％
30	97.7％

偏差値70は上位2.3％、偏差値60は上位15.9％、偏差値50でちょうど50％になる。

超人的な生徒がいたものです。

偏差値60の上位16％、偏差値70の上位2％という数字は、過去の体験から現場感を得られます。統計学の基本を学ぶのに、学生時代の記憶が役立つのです。

7割の人は、好きでも嫌いでもない

正規分布の特性を応用すると、人間社会のおもしろい面が見えてきます。

平均から標準偏差プラス・マイナス1つの範囲内に、全体の68％が含まれることを、人の気持ちに翻訳すると、図表2－5のようになるかもしれません。

「どちらかと言えば好き」と「どちらかと言えば嫌い」の面積で、全体の7割がカバーされるのです。そして、平均値より離れた、強い意見を持つ「好き」が16％で、その逆の「嫌い」が16％になります。こうした数字は、自分が属する組織や、これまでの経験と照らし合わせると、とても腑に落ちます。

統計の取り方で数値は変わりますが、実際に定量的な調査を行うと、似たような傾向が出たりするものです。人間社会は、おもしろく、残酷にできています。

図表2-5
「好き」と「嫌い」の分布

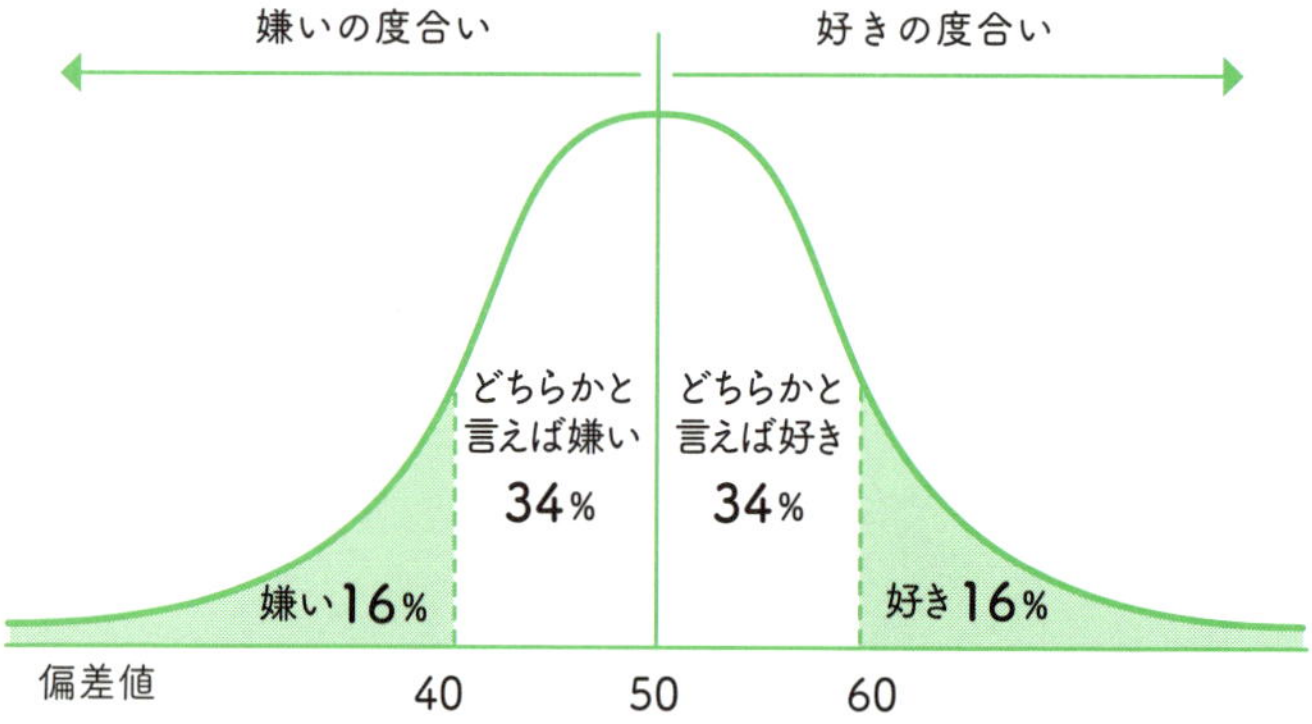

平均から標準偏差プラス・マイナス1つの範囲内に全体の68%が含まれることを、人の気持ちに翻訳すると、「どちらかと言えば好き」と「どちらかと言えば嫌い」。その範囲に全体の7割が収まる。そして、平均値より離れた、少し極端な強い意見を持つ「好き」が16%で、その逆の「嫌い」が16%になる。

どんなに努力しても、何の落ち度がなくても、出会った人の16％にはネガティブな印象を持たれてしまう。きっと、これがこの世の中の掟なのでしょう。逆もまたしかりで、こちらが意識しなくても16％の人には、何となく好かれたりします。超イケメンでも、可愛い女子でも、すべての異性に好かれるわけではないし、理由もなく嫌われることもあります。生理的に無理とか、昔嫌いだった人に似ているといったケースは、こちらではコントロールできないのです。

営業をしていると嫌な目に遭うことも多いのですが、何気ない出来事も統計的な法則に従っているだけと思えば、ネガティブな気持ちを引きずらずに済みます。最初からそういうものと割り切って、対人コミュニケーションをすればよいのです。

対人には100％の確率なし。これを知っておくだけで、気持ちが少し楽になります。

335メカニクスは、なぜ30％？

335メカニクスに戻って、なぜコンバージョン・レートが30％なのか、再考してみましょう。

事前のアポが取れて、ある企業に訪問できることになった、としましょう。

正規分布に当てはめて考えると、「少なくとも訪問されるのが嫌じゃない人」だということです。つまり、正規分布の右側半分、偏差値50以上の人と考えられます。

そのうち、自分のことを気に入ってくれる人、あるいは最初の説明で好感を持ってくれる人が偏差値60以上の層だとすると、全体の16％です。

母集団は右側だけで全体の50％になりますので、その中での割合は32％。およそ3割という計算です。好き嫌いが正規分布と仮定すると、納得感がある数字になります（図表2－6）。

標準偏差1つ分平均から離れた人が自分を気に入ってくれる。これをロジカルに説明できる根拠はありません。統計的に分析するとこんな傾向になる、としか言えません。何が正しいか議論することには、あまり意味がないのです。

モテる人は335メカニクスを極めている

335メカニクスは、デートに置き換えると現場感が湧きます。

図表2-6
コンバージョン・レートが30になる理由

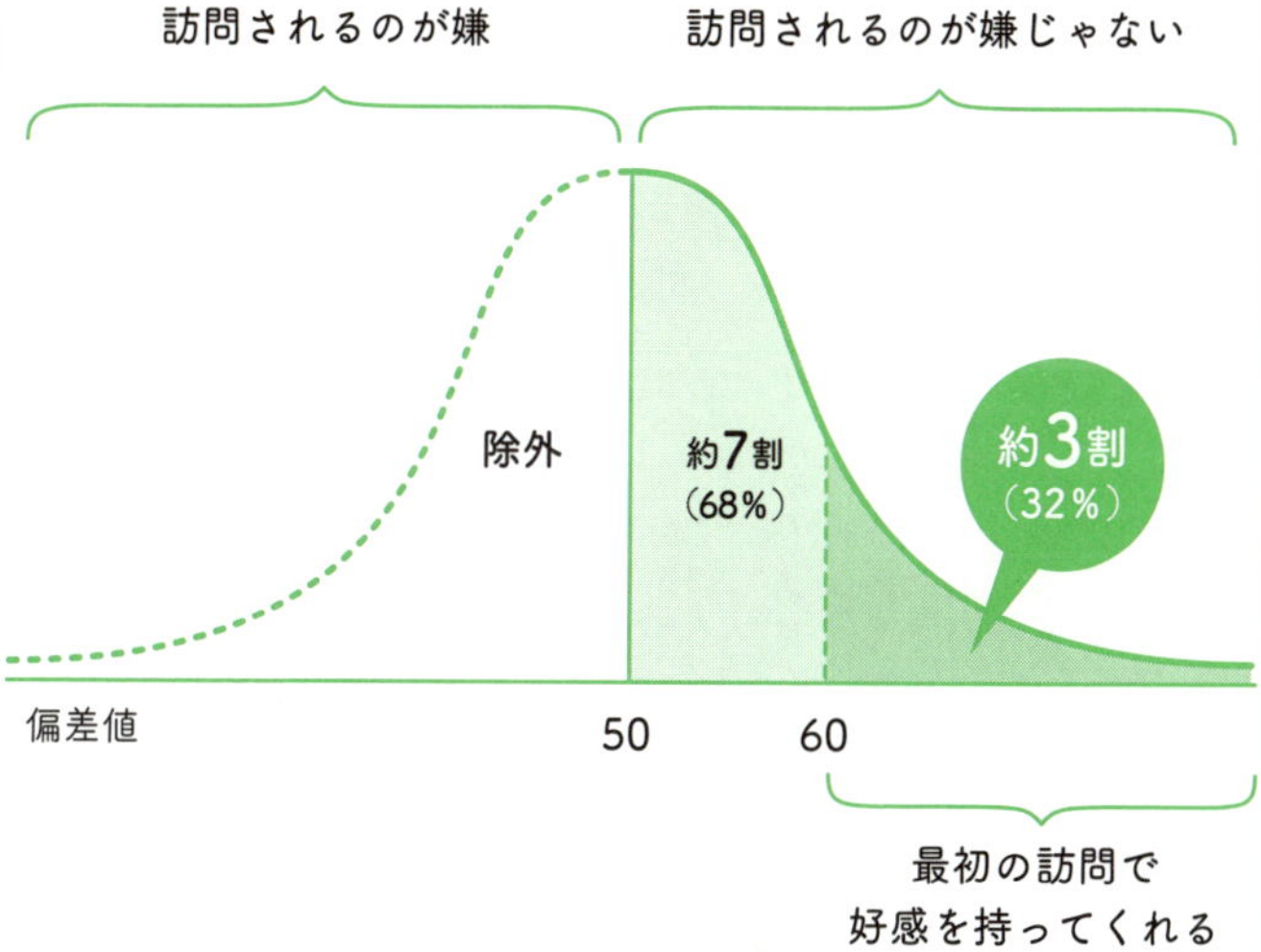

事前のアポが取れて、ある企業に訪問できることになったとする。相手は「少なくとも訪問されるのが嫌じゃない人」ということなので、偏差値50以上の人と考える。さらに、訪問に成功して提案にこぎつけられるのは、相手が自分のことを「好き」になってくれた偏差値60以上の人だとすると、全体の16％になる。訪問を受けてくれた人（図の右半分）の中での割合は32％になる。

最初にデートした後、2回目に会えるのは、やはり相手が自分を好きになってくれないと無理です。それは偏差値にして60以上、確率3割ぐらいが現実的です。

2回目のデートでの告白が成功するのも同じような確率でしょう。デートでの立ち振る舞いを見ながら、相手はあなたがつき合うに値するか考えます。自分のこととして考える、自分化のプロセスを踏むのです。

そこで、イエスという答えをもらうためには、偏差値60ぐらいの好き度合いが必要になるでしょう。めでたく、おつき合いがスタートします。３３５メカニクスの最初の２ステップがクリアされました。

3度目のデートからは、つき合っている者同士での関係が始まります。ここからうまくいく確率は、やはり１００％ではありません。お互いの情報がまだ足りないし、不測の事態で険悪になることもあり得る。長く続くかどうかは、コインの裏表のようなもの。３３５メカニクスのクロージングに該当するパートです。

３３５メカニクスのように計算をすると、気に入った相手にデートを申し込んで、その人と長くつき合うことになる確率は５％ぐらい。なんだか納得感があります。

余談になりますが、モテる人がマメだと言われるのは、335メカニクスの視点で考えると腑に落ちます。気に入った相手がいたら、すぐにデートを申し込む。何よりもアポ取りを優先するのです。

相性が合うかどうかは、一緒に過ごす時間がある程度ないとわからない。どんなに自分が気に入っていても、相手から拒絶されることもある。この世界を支配している残酷な正規分布の法則に従い、割り切って進めるからこそ、次のチャンスが巡ってきます。

プライドが高く自意識過剰な人だと、こうはいかないでしょう。自分からデートのお誘いができなかったり、自分から告白することが嫌だと、次のステージに進む参加資格を失います。

888メカニクスは、なぜ80％？

888メカニクスのように、相手のことをよく知っている場合でも失敗することがあります。その理由も正規分布から考察することができます。

相手からNOと言われるのは、相手から好かれない場合と同じと考えると偏差値40以下

のケースになります。つまり16%です

普段からつき合いがある相手がNOと言うのは、こちらの提案や説明がよほど的を外しているか、コミュニケーションに問題があったということです。

相手のことをよくわかっているつもりでも、実際は8割程度の精度とも言えます。こうした謙虚な気持ちを持つと成功率も上がりそうです。

懇意にしている人に紹介を受けて営業するケースでは、少し保守的な数字で見積もるべきです。事前に話が通っていれば、最初の顔合わせ時でいきなり嫌われる可能性は少ないでしょう。高い確率で次のステップに進めるはずです。

しかし、何が起こるかわからないのが対人コミュニケーションの怖いところ。

ちょっとした一言や、仕草の癖で生理的に嫌われることもあります。いきなりレッドゾーンに入ってしまう極端な反応もあり得るのです。

その商品の偏差値は?

偏差値から得られる示唆には、大事なことがあります。

図表2-7
よく知っている相手に「ノー」と言われる理由

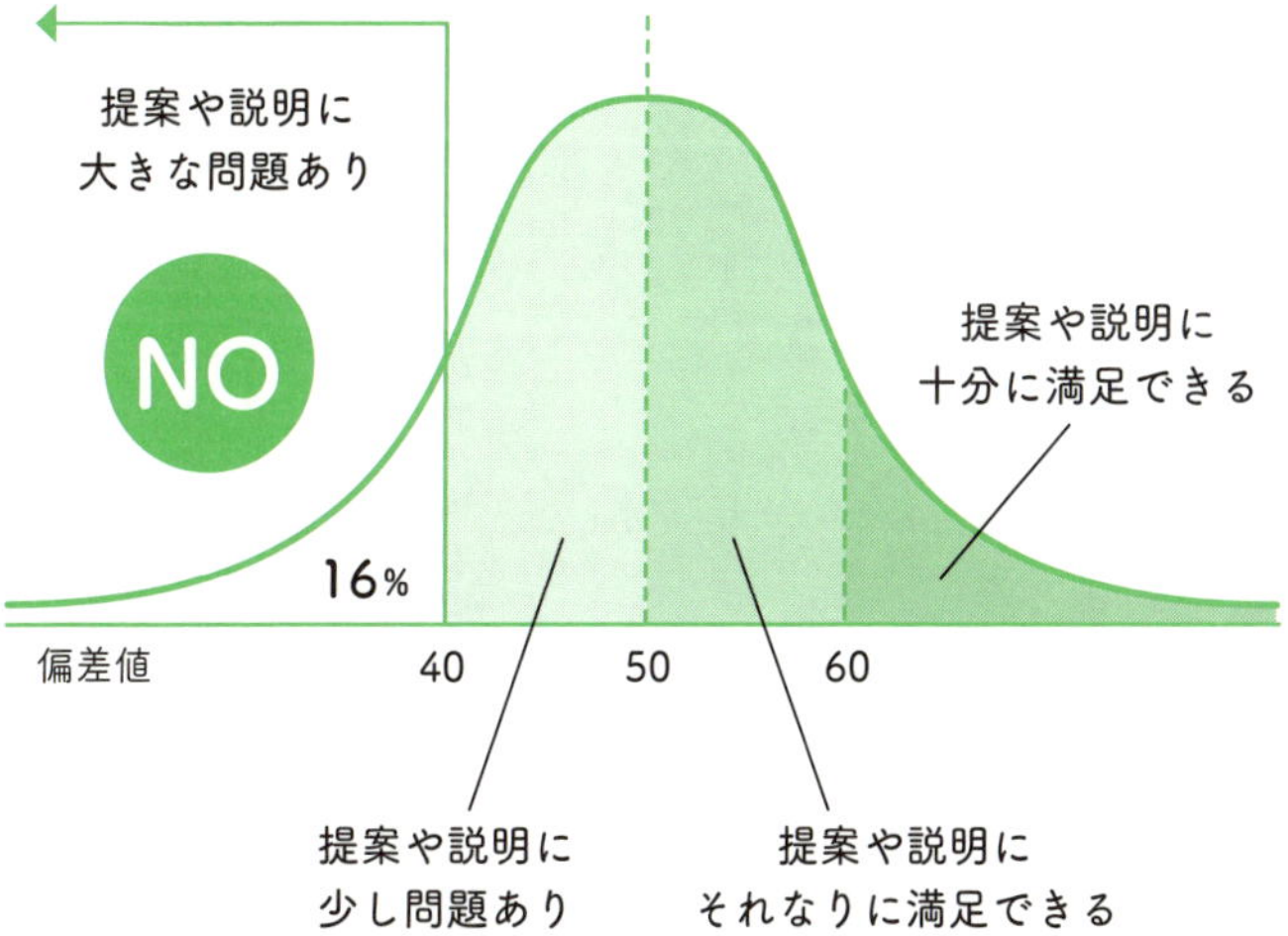

普段からつき合いがある相手が「ノー」と言うのは、こちらの提案や説明がよほど的を外しているか、コミュニケーションに問題があったということ。それは相手から嫌われるのと同じと考えて、偏差値40以下とすると、確率は16％。仲が良い相手だから8割は成功するが、失敗する可能性も2割弱あるということになる。

自分が売る製品やサービスの偏差値はどのくらいか、ということです。高い偏差値の製品か、それとも偏差値50の平均的なレベルなのか。

偏差値70のすごい商品を売れるチャンスはそうそう訪れません。

競合他社と比べて上位2％の圧倒的な商品力があるなら、勝手に売れるものです。新世代に切り替わった瞬間のアップル社の製品、競合他社が追いつけない低燃費を達成したハイブリッド車など、営業マンがサポート役に徹するだけで売れる製品は存在します。

では、偏差値60の商品力はどうでしょうか。

性能や機能、あるいはコストパフォーマンスがライバル社の製品よりもはるかに高く、上位16％レベルの優位性を持った製品でも、その魅力がお客さんに伝わっていないかもしれません。

ここで本領発揮です。自社の製品の偏差値を把握しておけば、何を伝えるべきか道筋が見えてくる。これが、販売活動に関わるビジネスマンの付加価値です。

逆の場合はどうでしょう。偏差値40の製品は売れないのでしょうか？

競合製品に性能が劣っていたとしても、必ず何か存在価値はあるものです。性能で負けているのであれば、その分を値下げで対応したり、メンテナンスや対応力で補うなど、打つ手はいくつもあります。現場に行って臨機応変に対応しながら売るためのアイディアをクリエイトしていくのです。

偏差値40の製品が売れる営業マンは、偏差値70の販売スキルを持ったビジネスマンと言えそうです。

02

Sカーブと「ブームが起きる理由」

繰り返すことの、絶大なる効果

正規分布を累積グラフに直すと、Sの形をしたおもしろいグラフになります。Sカーブと言われる累積曲線です。はじめはゆっくりと上昇し、ある段階から突然傾きが急になり、後半はなだらかに収斂していく。

Sカーブもまた、多くの示唆に富んでいます。

インフルエンザの感染は、正規分布のカーブを、左からなぞるように進んでいきます(図表2－8)。ニュースなどで、こうした感染者推移グラフを見た人も多いでしょう。

世の中には、こうした感染カーブで影響が伝播していくことが多いのです。

ブームが起こるのは、まさにこの仕組み。音楽が大ヒットしたり、ミリオンセラー書籍

図表2-8
Sカーブ

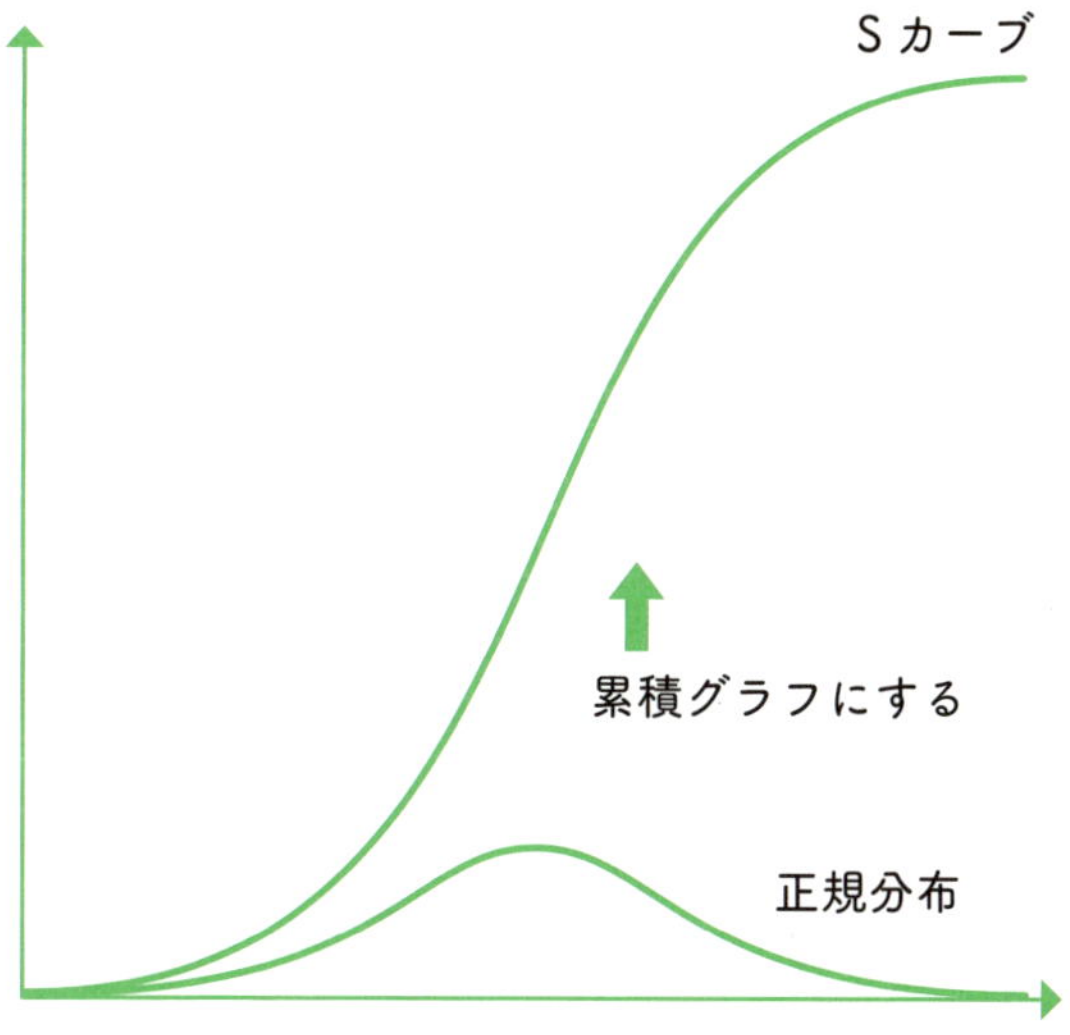

正規分布を累積グラフに直すとS字型になる。はじめはゆっくりと増えていき、ある段階から突然傾きが急になり、後半はなだらかに収斂していく。

が生まれたり、お笑い芸人が突然ブレイクしたり、不思議なダイエットが一世を風靡したりと、Ｓカーブ的な感染トレンドでヒットが発生します。

最近はＹｏｕＴｕｂｅやＳＮＳによって伝播するスピードが加速しているため、「突発的なブーム」が起こりやすいように思います。情報に触れる頻度が多くなると、影響される確率が高くなるのです。人ごみに出る機会が多いと、ウィルス性の病気に感染しやすくなるのと似ています。

通販番組を観ていると、同じメッセージを何度も繰り返していることに気がつきます。彼らはＳカーブの効果を知っているのです。

たとえば健康器具の通販番組であれば、機能の解説や、実際に効果を体感した人の話が何度も何度も登場します。「これを使って痩せました」「これで筋力がアップしました」といった話と、グラフやイメージ画像を使った解説などです。

最初は、なんだかピンとこなくても、何度も刷り込まれるうちに、だんだんとその効果が本当らしく思えてきます。気がつけば電話して健康器具を注文していた、となります。まさにＳカーブ・マーケティングの手法です。

同じメッセージを7回繰り返すと視聴者は影響される、といったテレビ通販マーケティングの定説もあります。気がつかないうちに、買いたい気持ちが自動醸成されるとは怖いことです。

実を言うと、本書でも少々同じ手法を使っています。一度説明した内容を、あえて別の箇所でも説明しているのです。

「あれ、さっきも同じようなこと書いてあったな」と気づいた人は、呑み込みが早い人。私は、本を読んでも一度で多くを理解するのが苦手でして……。だから、大事なことは事例や書き方を変えて、何度も説明しています。

スキルアップにも当てはまる

Sカーブは、スキルアップにも当てはまります。

習熟曲線はやはりSカーブを描きます。最初は、慣れていないから下手です。そこからだんだんと体の中に経験が累積されていき、あるタイミングから一気に上達が進みます。ストレスなく、無意識にできるレベルまで習熟度は進むのです。

慣れないことに挑戦するのは精神的にキツく、何度も心が折れそうになります。そこを我慢していると、ある瞬間から楽しくなってきます。

自転車にはじめて乗った経験、語学の習得、仕事などなど。どれも最初は苦しかったのを思い出します。それでも、強制的に続ける環境があったから、苦しい時期を無理やり乗り越え、気持ちの良いブレイクスルーのタイミングを経験できるのです。

何かを我慢しながらある一定の時間続けることは、スキルを習得するためには不可欠です。なかなかスキルアップしない、仕事の段取りがなかなか身につかないときは、Sカーブを思い浮かべてモチベーションを維持したいものです。

335や555のメカニクスで、アポ取りや訪問数といった接触数を増やすことが重要なのは前述の通りです。この苦しいプロセスも、何度もトライアンドエラーを繰り返すうちに、だんだんとうまくなります。

どんな時間帯なら話を聞いてもらえるか、どう話を切り出せばよいのか。まったく相手にされず、無下に断られる膨大な経験を繰り返すうちに、効果的な方法を発見できます。

そして、スムーズに実践できるようになるのです。このレベルに達すると、アポ取りや飛び込み訪問のつらさは、かなり低減されるはずです。

図表2-9

Sカーブで考える仕事の習熟

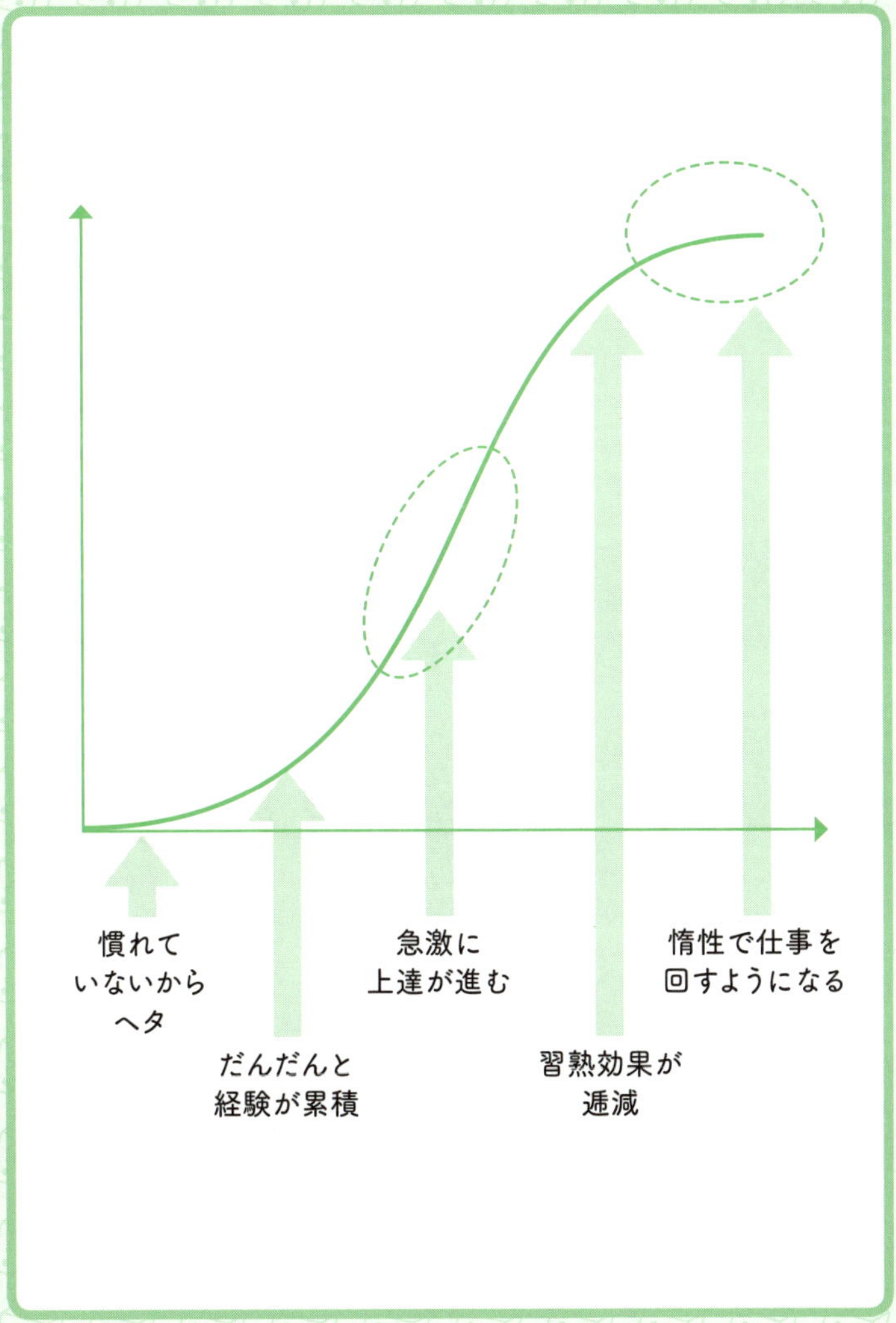

商談中の製品説明も同じことが言えます。

はじめて新製品の説明をするときは、たどたどしく要領を得ない話になったりします。しかし、何度も同じ説明を繰り返すうちに、相手が反応するツボがわかってきます。ある機能だったり、導入によるコスト削減もメリットだったり。

ここが見えると、プレゼンテーションはとても楽しくなるものです。相手の興味を喚起する世間話からはじめて、あるタイミングでツボにはまるセールスポイントを繰り出すのです。

お客さんが身を乗り出してくればしめたもの。ここから一気にクロージングにと向かいます。コンスタントに成績を出せる営業マンは、引き出しの中にこうした技をいくつも持っているものです。

Sカーブの罠

Sカーブには残酷な面もあります。

お笑いタレントのブームが終わるように、カーブの傾きは逓減するのです。あるレベルに達すると、以前と比べて、成長カーブや習得カーブを体感できなくなります。

これが仕事であれば、日々の業務から得られる満足度が下がり、モチベーションが落ちてくるようなことです。これまでの経験や身につけたスキルを使い、惰性で仕事を回す。それでも実績が出るようだと、慢心にもつながってきます。

疲れてやる気のない中堅社員やベテラン社員は、このSカーブの罠にはまっています。自覚しているのか、わかっていても次のSカーブに挑戦しようとしないのか、事情はそれぞれでしょうが……。それが大きな失敗の引き金にならないのを祈るばかりです。

本人はSカーブの罠と思っていても、実は自分の周りで、すごいスピードで何かが起こっているかもしれません。気がつかないと、いつの間にか取り残される可能性があります。周回遅れの社員になって、しかも勤務先が突然破綻、といった最悪のシナリオには直面したくないものです。

イノベーションのジレンマを想定

イノベーションのジレンマという戦略論の考え方があります。

あるイノベーション（革新）に成功した企業が、そのイノベーションに拘泥するあまり、次なるイノベーションに乗り遅れるということです。成功事例が、未来の失敗要因になるという皮肉な話です。だからジレンマという単語で表現されます。

ポケベルのイノベーションで躍進した企業が、ケータイ電話のイノベーションに乗り遅れる。あるいは、ケータイ電話で躍進した企業が、スマートフォン市場への進出で他社に先を越されるといった事例が思い浮かびます。

これまでマラソンで競っていたのに、ある日突然ルールが変わって自転車レースで競うようなものです。まったく新しいスキルやテクノロジーが求められるのです。

今の時代であれば、新興国の躍進で低価格競争が勃発する、といった環境変化の事例もありそうです。無差別級で戦っていた柔道選手が、いきなり60キロ級に出ろと言われるようなもの。そもそもダイエットに苦しむし、失った体重や筋肉量から、また新たに勝つためにスキルを組み立て直さないといけません。苦しい戦いになります。

メカニクスでも、同じことが言えます。

進化するデジタルデバイスを使い、より効率的な営業スタイルを実践して、成功に向かっているライバルがいるかもしれません。規制緩和によって、市場のルールが変わることだってあります。ある日、外資系企業が参入してきて、苛烈な価格競争が始まるシナリオだって考えられます。

アンテナはいつでも張っておくことが大事です。

自分のSカーブと違ったSカーブで、すごい実績を出している誰かがいる。あるいは、これまでとは異なるSカーブが求められるタイミングが来ている。そう自覚し、いつでも進化を志向する、謙虚な姿勢が求められます。

Sカーブに対峙する姿勢は科学者に学ぶ

少し話はそれますが、Sカーブと対峙する姿勢は科学者から学べます。

彼らは、過去の膨大な発見や研究結果の上に立って、新しい真理を明らかにする努力を続けています。ゼロから自分でSカーブを描くのではなく、先人の偉大な知恵の上で新しい付加価値を模索しているのです。くだらないプライドを胸に、殻にこもった仕事で何かを成し遂げられるほど、科学の世界は簡単ではない、ということです。

何世代にもわたるSカーブの累積で、この世界は出来上がっている。先人たちが使った時間に敬意を表し、自分もその上に少しでも価値を乗せられるよう力を尽くす。モチベーションを保ち仕事の量や質を落とさない。いつもそんな姿勢でいたいものです。

ビジネスも同じことです。

自社の商品は、過去の先人たちが積み重ねてきた創意工夫と、累積された時間の結晶です。それを、1人でも多くの人に届けたい。そして、売り手よし、買い手よし、世間よしの、三方よしを実現して、意義がある商売をしたい。これからも続けていきたい。

それが商売の基本だと思います。

護身術として知っておくべきSカーブ悪用法

Sカーブの効果でブームが起きるという話をしましたが、同じ効果を悪用する人も世の中には存在します。

人は、明らかに嘘とわかる情報にも影響されます。はじめは嘘だと思っていても、繰り返し同じ情報に接していると、次第にそれを当たり前に思えてくるのです。

Sカーブの力を悪用して、ネット上で誹謗中傷を行う卑劣な者もいます。

オンライン書店での星1つ書評や、一方的な罵詈雑言、ウィキペディアなどに書き込まれる嘘の情報など、例を挙げたらきりがありません。私自身、何度も嫌な思いをしてきました。書き込みをした相手の顔が見えないだけに、やるせない気持ちになります。

意見を言うときは、ちゃんと自分の素性を明らかにする。その意見を言う資格があるのか公に問う。人は社会的な存在です。こうした当然のルールは守るべきだと思います。

テロリストの無差別攻撃によって、アルジェリアで命を落とした日本人のことを覚えていますか？　石油業界にいた私は、彼らのことを同志のように感じます。日本の素晴らしさを世界に伝えようと海外に飛び出し、何の罪もなくテロの犠牲になったのです。彼らのことを思うだけで、今でも涙があふれてきます。どこに怒りをぶつけてよいかわからない、ひどい暴力行為です。

ネット上で誹謗中傷を行う輩は、無差別殺戮を行うテロリストたちと同類です。銃や爆弾の代わりに言葉を使って人を傷つけます。自分の正義を貫くために人を貶める。その人の人生まで狂わせる。無差別殺人テロに憤りを覚えているなら、あなたが加害者になるのは絶対に避けてください。

Ｓカーブの悪用に操られないためには、捻じ曲げられた情報と接触を増やさないよう、自らを律することが肝心です。

03

正規分布が持つ「魔の重力」

知識とスキルでブラックホールに勝つ

正規分布は、世界が持つ恐ろしい側面についても語っています。無意識のうちに、どんどん何もしないと、強力な重力によって中央に引っ張られます。それが正規分布の真ん中に収斂していきます。まるでブラックホールのような猛烈な引力。それが正規分布の重力と言える、統計的な力なのです。(図表2－10)

正規分布の重力は、スキルの話にも当てはまります。

トレーニングし続けないアスリートは成績が落ちます。正規分布の重力で引っ張られて、平均的な選手になり下がってしまうのです。ライバルはみんな才能があり、寡黙に努力し続けています。その中で、頭1つ抜け出すのは大変なこと。血のにじむような練習を繰り

図表2-10

正規分布の「魔の重力」

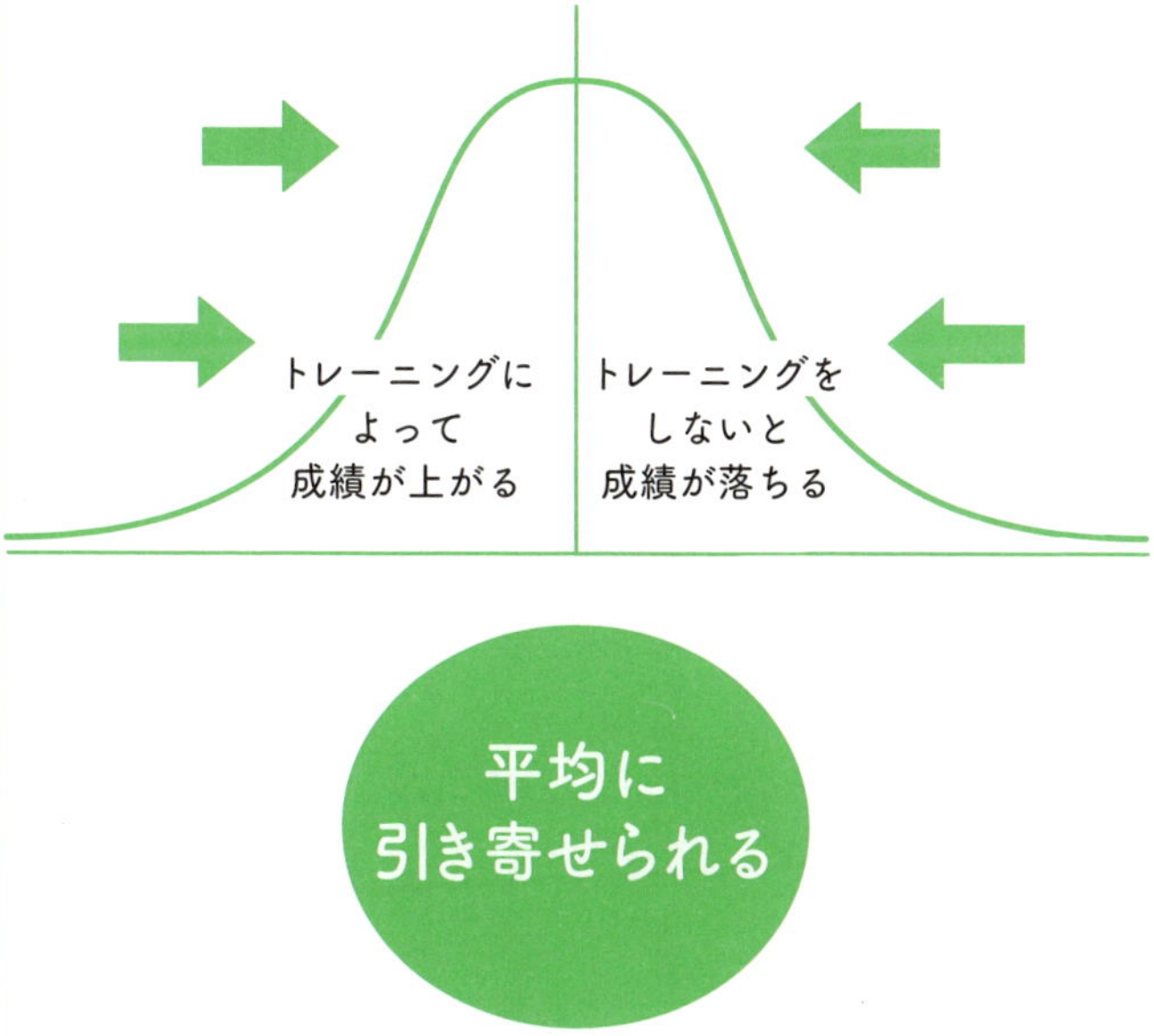

トレーニングによって成績が上がる
トレーニングをしないと成績が落ちる
平均に引き寄せられる

ライバルたちが必死の努力を続けている中で、頭1つ抜け出すのは大変なこと。優秀な人もトレーニングを続けないと成績が落ち、平均的な人になり下がってしまう。まるで強力な重力が働いているかのように、中央に引っ張られていく。

返し、はじめてちょっとだけ優位に立てる世界なのです。彼らは正規分布の重力がどれだけ強力か実感しています。

商品力や仕事力、仕事のスキルなどで偏差値60を目指すとは、正規分布の重力に逆らうことです。大変な訓練や忍耐が求められます。しかも悔しいことに、一方ではそれを楽々こなす人もいるのです。

人間は弱い生き物ですから、よほど気合いを入れないとモチベーションは上がりません。普段の時間のうち、きっと約7割はモチベーションが高くない状態。正規分布の法則に従うと、気分のバラつきがあるのが自然です。

知識を獲得すること、スキルアップ、どちらも労力がいります。高いモチベーションがなければ、そんなつらい作業に向き合えないものです。

家でだらだらとネットを眺めていては、正規分布の重力に負けます。その強力な重力場から抜け出すためには何が必要なのでしょうか？　もしかしたら、高すぎるプライドや歪んだ自意識、負けず嫌いな性格が一役買ってくれるかもしれません。

それがプラスに働くのなら悪くない話です。重力に負けない心と体を作るために、ネガティブなモチベーションが機能するなら、うまく活用しましょう。

正規分布の重力は、個人の話だけではありません。

競合優位のサステナビリティー（持続可能性）は、中央値へ回帰する力との戦いです。ある時点でライバルを凌駕した品質の高さやブランドイメージであっても、時間の変遷とともにアドバンテージは失われます。

他社との差異は、移ろいやすく、はかないものです。

ネット全盛の現代では、情報の伝播スピードは猛烈に速い。人材もまた流動的です。数十年前のように、企業が競合優位を長く維持するのは難しい時代になりました。

競合優位の持続性に、いつも心を悩ましながら企業活動をする、そんな時代になったということでしょう。

仲間からの刺激（ピアプレッシャー）が大事

正規分布の重力に抗うためには何が必要でしょう。

逆説的ではありますが、ライバルや仲間が不可欠です。自分をいつも新しい刺激にさらしてくれる強烈な仲間。お互いに触発し合い、会うと「悔しい」と思えるぐらい、自分にない何かを持っている人です。

それは、仕事の先輩や同業者、競合企業のライバルや他業界の友人かもしれません。肩書きは何でもよいのです。彼らが中央値から乖離しているのであれば。

彼らに追いつき、追い越す。正規分布の重力をあなたが利用する番です。


有名受験校を事例に考えてみましょう。

受験校の合格実績が良いのは、正規分布の重力が持つ2つの力が働いています。

1つは、優秀な生徒に追いつこうとする力。

偏差値の高い受験校には、そもそも負けず嫌いの生徒が集まってきます。その中で頭1つ出たクラスメイトがいれば、負けずと勉強するモチベーションが働きます。いつでもペースメーカーが先導するマラソンのようです。身近に目標がいると、その目標はリアルに見えるし、努力する気持ちになるものです。

そして2つめは、ピアプレッシャーと呼ばれる、下からの重力です。

正規分布の左半分にいる、平均以下の生徒たちが、何とか平均まで追いつこうと時間と労力をかけます。

まさに、ピア（仲間）から与えられるプレッシャー。その集団に属することで、クリアすべき基準が自然と上がるのです。「これができて当たり前」の要件は、相互作用でどんどんと高くなります。

超難関大学に合格するのが当たり前の受験校にいると、私学に行くのを恥ずかしく感じることがあるそうです。卒業式や同窓会で友達に言える大学に合格する。こうしたピアプレッシャーによって自分の能力が高まるなら、ストレスの多い環境も悪くないと思います。

組織内で連動して結果を出す

重力に逆らうには、チームの一員として行動することも必要です。ピアプレッシャーの有無という点でも、集団としてのチームは不可欠。ビジネスはチームとして結果を出すことが求められます。

組織の中で孤立するのは損です。自分の殻にこもっていては、有益な情報が入ってこなくなります。成長の糧となる刺激がなくなるのです。だからこそ、同じチームで働いている仲間とは、潤滑なコミュニケーションをすることが大事です。

組織運営を任された部門長は、チームで成績を出すことが義務付けられます。誰かが成功したら、すぐに隣の営業マンに実践させて結果を出したいもの。

その組織内で、あなたはどちらの営業マンになるのでしょうか。自分から何かを与えられる営業マンか、いつも与えられる営業マンなのか。ピアプレッシャーを与える方か、それともピアプレッシャーを受ける方か。

上司は組織内の力関係をよく観察しています。誰が実績を上げて、どう伝播したか。その動きを見て、部下に評価を下します。組織の進化に貢献したのか、単なるフリーライダーの1人なのか、すぐにわかるものです。

サッカーでたとえると、シュートの前に、誰がスペースを作ったのか、どんなパスを出したのか、です。潰れ役になってパスを出せる選手は評価されます。そのパスに連動してゴールを決めた選手もまたしかりです。一方で、チームの戦術も理解せず、他の選手に連動できない選手は、いずれ放出されます。

組織全体が、さらに高いレベルのSカーブにチャレンジする、とも言えます。

何もしないと正規分布の重力に引っ張られて、スキルがどんどん陳腐化するのは説明した通りです。重力に1人で抵抗するより、組織の仲間と力を合わせて抗う方が、効果が上がるはずだし、気分的にも楽なはず。

慣れてくると、適度なピアプレッシャーは気持ちよいものです。何かにチャレンジしている時間は、苦しさと高揚感の両方を与えてくれますから。

競合優位の構築は個人の能力だけでなく、組織として連動によってもたらされることも多々あります。これが「組織のケイパビリティー（能力）」と呼ばれる、競合優位性の1つです。

正規分布の重力は、個人とチーム双方に多くの示唆を与えてくれているのです。

chapter 3

ビジネスを進化させる統計技法

01

回帰分析とベンチマーク

統計には実践的な考え方が数多くあります。この章では、回帰分析や相関といった統計解析の基本と、マーケティング応用例などを紹介します。価格が決まる仕組みを重回帰分析で紐解いたり、ネットで一般的なレコメンデーションを統計的に解説したりと、具体例を使います。

ワインの価格は、重回帰分析で予測できる!?

シカゴ大学で受けた統計学の授業では、重回帰分析ソフトでワイン価格を予測するモデルを作ることが課題でした。ワインに土地勘もなく、慣れない統計作業はタフでしたが、おかげで現場感を持てました。

さてワインの価格です。高級な赤ワインは天候や貯蔵年数で値段が変わります。専門家によるテイスティングレポートや点数評価など、ワインを嗜むには勉強が必要です。

シンプルかつ数学的にワインの価値を測れないか？　こうした立場から、統計解析モデルが研究されました。ワイン価値の予測モデルは、一時期ホットな話題となったようです。『Journal of Wine Economics, Volume 7』（2012年）のレポートを出典に、統計解析モデルを紹介しましょう。結論から言うと、ワインの価値は次のような重回帰分析の数式で表わせます。

経過年数×0・0238
＋ぶどう生育期の平均気温×0・616
−収穫期の降水量×0・00386
＋ぶどう生育期前の降水量×0・001173
＝ボルドーワインの価格

フランスのボルドーワインが、経過年数（ビンテージ）、ぶどう生育期（4月～9月）

の平均気温、収穫期（8月）の降水量、生育期前（10月〜3月）の降水量、という4つの独立変数で決まるとは、業界に激震が走るのも納得です。

この重回帰分析モデルがすごいのは、決定係数（R^2）＝0・828という高い数値です。R^2は理論上の最大値が1・0です。この数値が高いほど、重回帰モデルの精度が高いと評価されます。0・828とは、82・8％の精度で予測モデルが当たるという意味です。数学的な説明は省きますが、自然対数に変換しての回帰分析でこの式が導かれました。

この統計モデルを解説しましょう。

数式の「経過年数×0・0238」は、「ボルドーの赤ワインは、1年寝かすと約2・4％価格が上がる」という意味。

そして、ぶどうの生育期（4月から9月）の平均気温が0・1℃上がると、約6・1％価格が上がります。

逆に、収穫期の降水量が1ミリ増えると、約0・4％価格が下がります。

また、ぶどうの生育期前（10月から3月）の降水量が1ミリ増えると、約0・1％価格が上がるのです。

ワイン価格は、ロンドンオークションでの実勢値です。各数値は自然対数に変換して重回帰分析されています。自然対数を底にLog変換した数値は、変化率の近似値になり便利です。Log変換によって、各数値に実感が持てます。

自然対数から戻した本来の数式は、次の通りです。

ワイン価格＝
a経過年数×b生育期の平均気温÷c収穫期の降水量×d生育期前の降水量

各独立変数の掛け算になっています。

この式は、図表3－1のように、ロジカル思考を説明するピラミッド構造と同じ形です。数式とロジカル思考は、基本的な考え方を共有しています。

影響する側とされる側。要因と結果。こうした関係を定量的に表現したのが数式で、定性的に表したのがピラミッド構造の関係図です。

重回帰分析の式に戻りましょう。

図表3-1
ワインの価格を4つの変数で説明

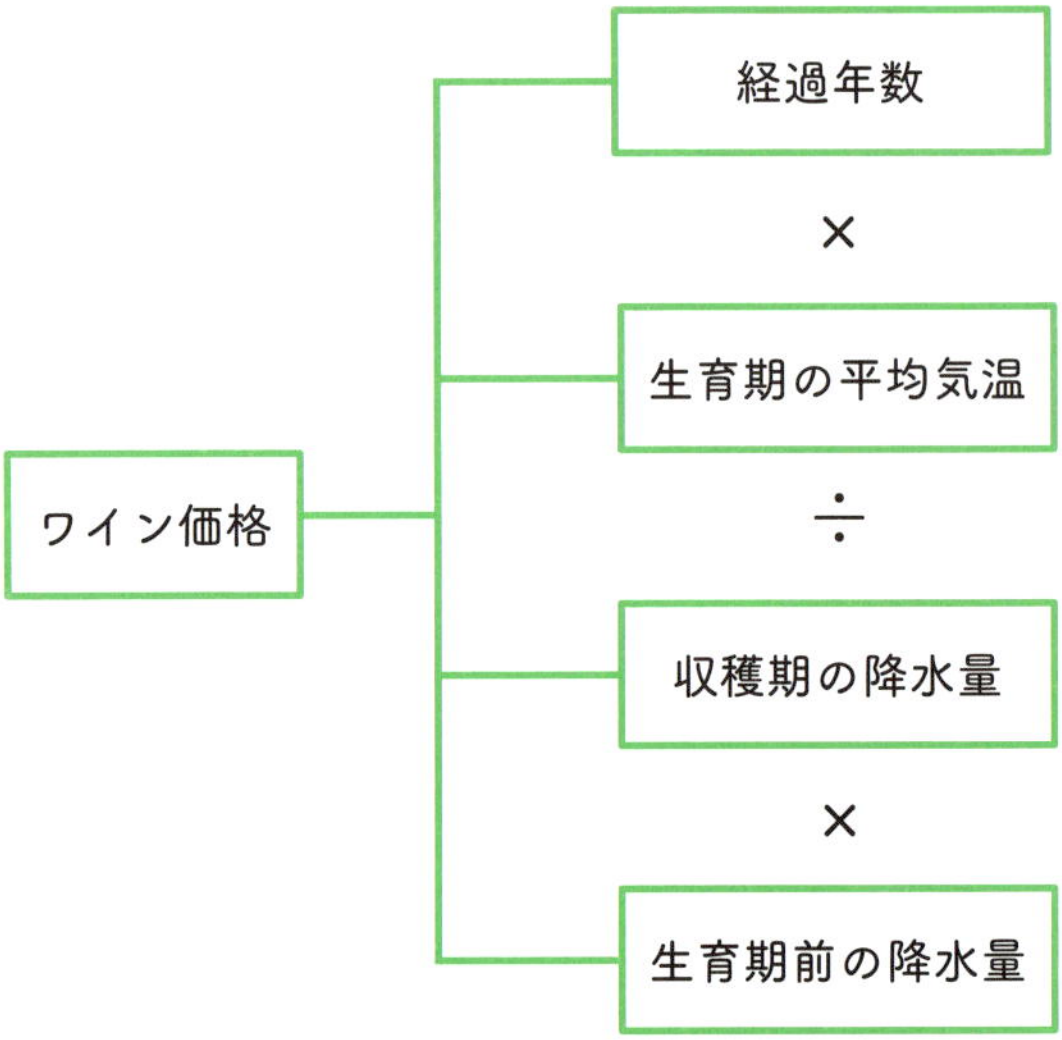

95ページの式は、独立変数（ワイン価格）、従属変数（経過年数、生育期の平均気温、収穫期の降水量、生育期前の降水量）とも、自然対数に変換した重回帰式。これを自然対数から戻すと、従属変数が独立変数の掛け算（割り算）で決まる次のような形になる。

ワイン価格＝ａ経過年数×ｂ生育期の平均気温÷ｃ収穫期の降雨量×ｄ生育期前の降水量

各独立変数は、ワイン価格という従属変数に影響を与えます。

独立変数とは、年数、気温といった、独立した数値。従属変数は、独立変数によって変化する値。ここではワイン価格のことです。

影響を与える側が独立変数、影響される側が従属変数、と考えます。

重回帰分析は、こうした構造の関係式です。複数の独立変数から従属変数の値が決まるので「重」回帰分析と呼ばれます。

予測値を上回る理由を探す

重回帰分析をシンプルにしたのが回帰分析です。独立変数が1つ、従属変数も1つ。中学生で習った1次関数、Y＝aX＋bの式です。独立変数が複数だとグラフがN次元で可視化が難しいのですが、回帰分析はX軸とY軸の2次元グラフになります。

回帰分析によって、データの分布図に、全体の傾向を最もよく表した1本の線を引くことができます。適当に線を引くのではなく、統計的に意味を持つように引かれた線です。

これが、Y＝aX＋bの式で表される線です。分布している各実測値から、予測値を出す一次関数の回帰式です。

回帰式は、最小二乗法という手法で導かれます。

最小二乗法とは、回帰式に当てはめた予測値と実測値の差の二乗和が最小になる回帰係数a、bを求める手法です。予測による誤差を最も小さくする回帰式を探します。

算出された回帰式が、どれだけ精度が高いかを示すのが、決定係数R^2です。

R^2は、次のように求めます。

R^2＝1－（実測値－予測値）の二乗の総計／（実測値－平均値）の二乗の総計

回帰式で導き出される予測値が、実測値に近いほど、R^2は大きくなります。R^2が1に近いほど高精度です。

図表3－2は、小売店の売り場面積と売上の関係を示しています。プロットした点は、各店舗のデータです。全体的に右肩上がりの、緩やかに連関した分布に見えます。売り場

図表3-2
売り場面積と売上の関係

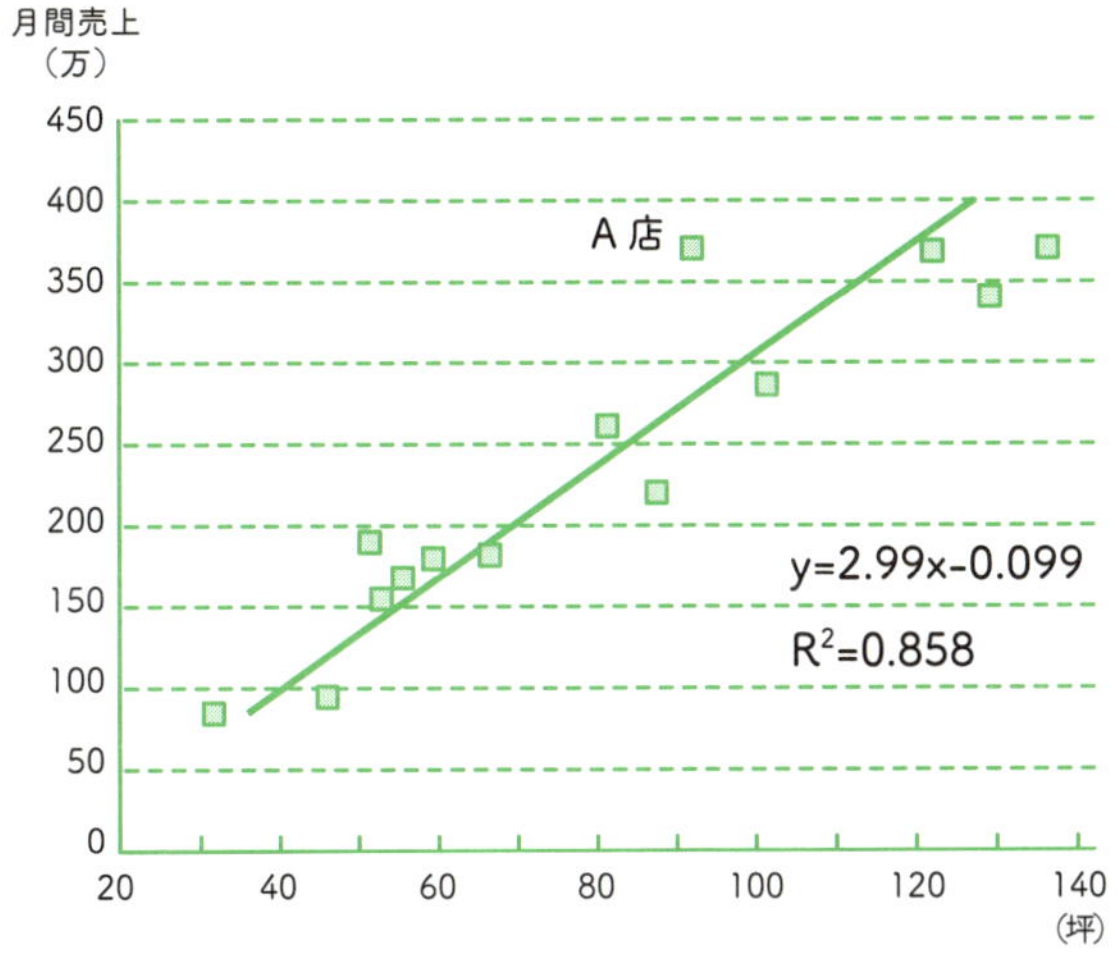

坪数	売上／月（万円）
30	85
45	95
52	190
56	155
58	168
60	180
66	182
80	250
85	220
90	382
100	290
120	368
125	340
130	370

面積が大きくなると売上も上がる。こうした関係が数式化されています。回帰式はY＝2・99X－0・099、R^2も0・858なので、高い精度で連関性がありそうです。ここから戦略を考えます。

この業界で事業規模を伸ばすには、売り場面積の拡大がカギなのです。よって、収益試算を精査した上で、拡大路線を進む戦略が有効でしょう。

一方、回帰式による近似線から大きく外れたアウトライヤー（外れ値）を発見できます。A店のデータは、予測値を上回る高いパフォーマンス。ここで頭を働かせます。なぜ、A店はこんなに売れているのか？

店舗のオペレーションに秘訣があるのでは……。この疑問を持って、A店の店舗運営方法を詳しく調べます。商品の陳列、接客方法、店内プロモーションの方法などなど。すると、A店では夕方の特売タイムセールに独自の工夫があった、と発見できました。その他のオペレーションが他店と変わらないとすると、この販促手法が高いパフォーマンスの原動力だという仮説が立ちます。

これがベンチマークと呼ばれる分析手法です。成功事例から成功要因（KFS：Key Factor for Success）を抽出します。アウトライヤーたるには、いくつかの理由があると仮説を立て、原因と結果に整理します。古典的な手法ですが、コンサルティング業界では一般的です。

さて、回帰分析の「回帰」の意味をまだ解説していませんでした。

回帰の英語はregressで、後退する、もとに戻る、という意味。つまり、分散していたデータが、あるべき場所に回帰するという意味です。

前章で「正規分布の重力」という話をしました。回帰分析にも、こうした哲学的な概念が織り込まれているとは、興味深いことです。

02

「おススメ」のアルゴリズム

相関関係を数値化するベクトル

統計解析では、回帰分析よりも先に相関を学びます。

価格と販売数の相関関係、為替と株価の相関関係、身長と体重の相関関係など、ビジネスや経済、生物学から心理学まで幅広く使われます。

相関度の強さは、相関係数という数値で表され、-1～1の範囲に収まります。1に近いほど高い相関度があり、0に近ければ相関度は低く、-1に近づくほど逆相関にあるという考え方です。たとえば相関係数が0・8なら、高い相関と言えます。

2つの変数の相関がわかると、ビジネスに活かせます。

為替とある企業の株価の相関関係が高いのであれば、トレーダーは為替の変動情報をもとに株式の売買を行えます。あるいは、特定の経済指標の変動と高い相関関係を示す銘柄の株式も存在します。統計情報からテクニカルな取引をする手法もあります。

オンライン書店で使われるレコメンデーションは、相関を応用しています。

相関係数を視覚的にイメージしながら、レコメンデーションなどの応用モデルを考えてみましょう。ここで、高校数学を思い出しましょう。

ベクトルを覚えていますか?

$\vec{a}$や$\vec{b}$で表された、方向と大きさを表す概念です。(2、5)や(3、-2)といった座標で表記されることもあります。

三角関数も思い出しましょう。コサイン(cos)が関係してきます。

コサインは、2本のベクトルとその角度によって示される数値です。図表3－3のように、$\vec{a}$から、$\vec{b}$に垂線を引くと、その長さは$a\cos\theta$になります。ここで相関係数が登場します。

実は、相関係数とはコサイン値のことなのです。2つのベクトルが60度の角度で交わっていれば、$\cos\theta = 0.5$。つまり相関係数は0・5です。図表3－3の表を見ると、角度と相関係数（cos値）の関係がわかります。角度が小さいほどcos値は1に近くなり、2本のベクトルの方向が一致すると値は1になります。2本のベクトルが180度真逆を向くと、cosの値は-1になるのです。

ビジネスで応用される相関係数は、いくつかのプロセスからデータを2本のベクトルに変換して計算されます。テキストマイニングも、あるロジックで数値化され、n次元のベクトルに変換された後に、コサインで相関度を計算するのです。

最先端の統計解析が、高校で習ったベクトルや三角関数の応用だとわかっただけで、嬉しくなりませんか？

ネット書店の「協調フィルタリング」

ネットのレコメンデーションが、どう相関係数を使っているか解説します。

オンライン書店で、「この商品を買った人は、こんな商品を買っています」と商品リストが表示されますが、その裏で走っているのが「協調フィルタリング」というアルゴリズム（計算手順）です。

図表3-3

2つのベクトルの角度と相関係数

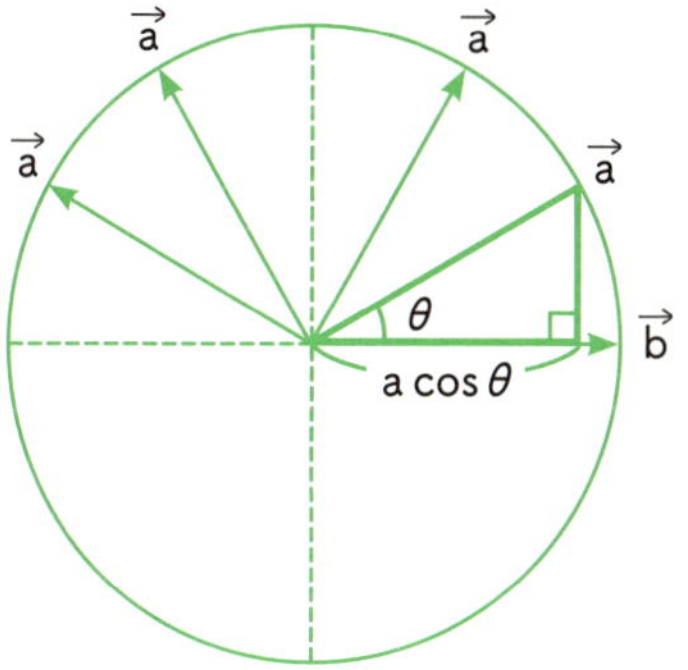

角度	cos 値（相関係数）
0	1.00
10	0.98
20	0.94
30	0.87
45	0.71
60	0.50
65	0.42
70	0.34
75	0.26
80	0.17
85	0.09
90	0
115	-0.42
145	-0.82
175	-1.00
180	-1.00

2つのベクトルの角度θで決まるコサイン値（cos θ）が「相関係数」。コサイン値は角度が小さいほど1に近くなり、方向が一致すると値は1になる。そして90度の場合は0、180度真逆を向くと－1になる。だから相関係数は1から -1の範囲で変動する。

みなさんが本書をオンライン書店で購入すると、似たようなビジネス統計本や、他の書籍などがおススメ表示されるでしょう。

本書を購入した人の過去の購買データをすべて集めて、購入された回数が多い書籍を順番に並べているように見えますが、もう少し複雑です。仮に購入回数だけで表示がなされていたら、ランキング上位の売れ筋本だけになります。本書と併読したくなる統計本は、レコメンドされない可能性もあります。

協調フィルタリングは次のような仕組みで動きます。

本書を古瀬さんというお客さんが購入しました。他に数人のお客さんが本書を購入したとします。

いくつかのロジックを使って彼らの購入履歴を計算し、それぞれの嗜好をベクトルに変換します。購入履歴から複数の変数を抽出し、n次元のベクトルにするのです。

変換されたベクトルは、長さと方向を持ったシンプルな1本の矢印です（n次元のベクトルなので、視覚的にイメージしにくいのですが）。

本書を購入したお客さんの嗜好は、こうしてベクトルに変換されます。

図表3-4

レコメンデーションのための相関分析

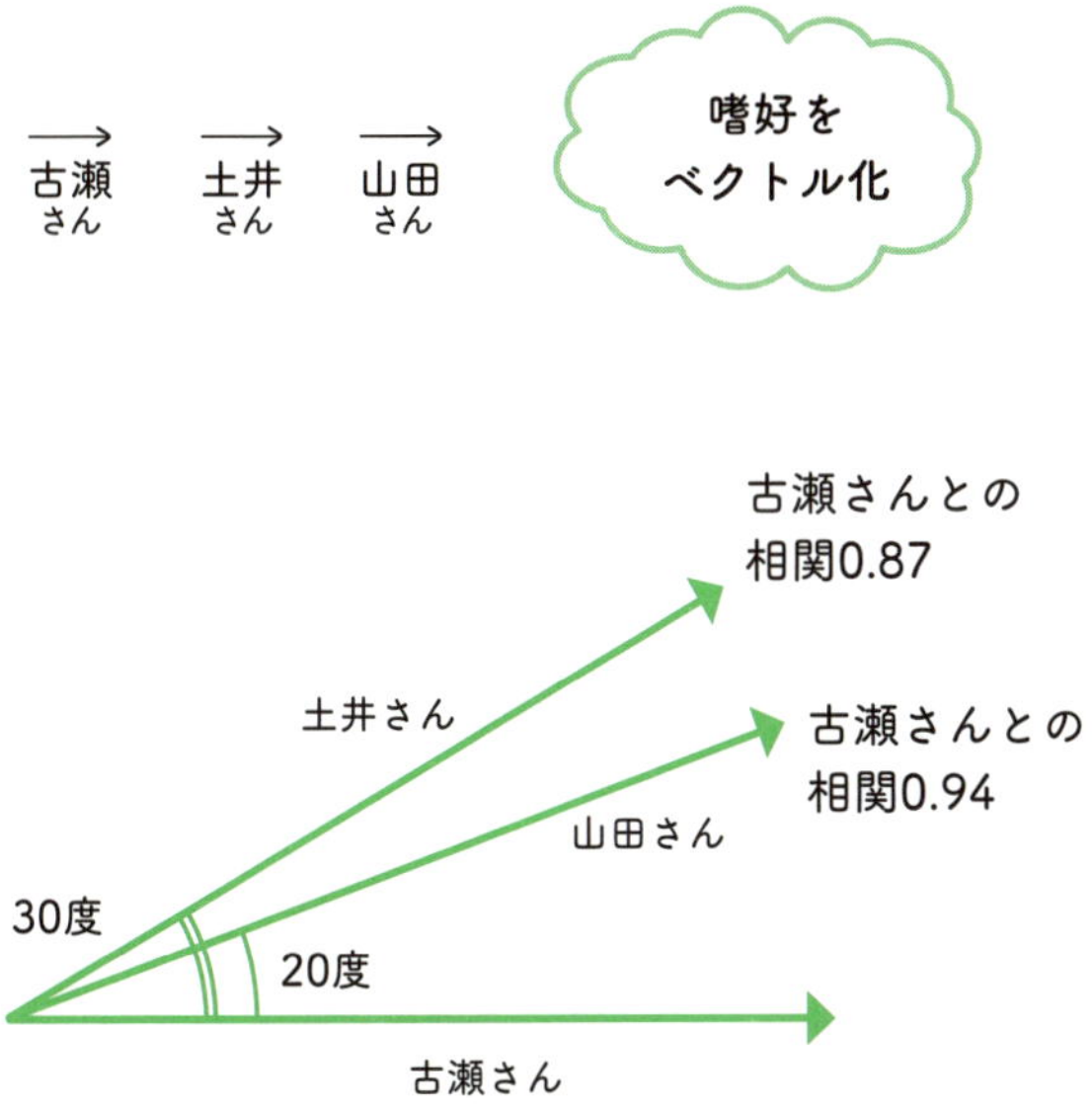

購入履歴のデータをもとにして、お客さんの嗜好データをベクトルに変換する。そのベクトルをもとにして、相関係数の高いお客さんを探す。

すると、おもしろいことがわかります。古瀬さんと似た嗜好ベクトルを持ったお客さんを発見できたのです。土井さんと山田さん、という2人です。彼らの嗜好ベクトルは、古瀬さんのベクトルと高い相関係数を示しています。

視覚的にイメージすると図表3－4のような感じです。それぞれのベクトルが、0・87、0・94と高い相関関係を示しています。この3人は、書籍の嗜好が似ていると評価できるのです。

次に、土井さん、山田さんが購入した書籍の中から、まだ古瀬さんが買っていない書籍をピックアップします。

土井さんと山田さんの2人が共通して買っている本もあるでしょう。古瀬さんが、それらの本をまだ買っていない場合、高いおススメ度でレコメンドされます。

また、土井さん、山田さんのどちらかに購入履歴があるものの、まだ古瀬さんが買っていない本も、やはりおススメされます。嗜好が似たお客さんが買った本には、きっと興味を持つという、統計的な仮説からレコメンデーションするのです（図表3－5）。

協調フィルタリングは、こうしたシンプルな仕組みです。同じ嗜好を持った友人から、

図表3-5
仮説に基づいてレコメンデーション

書籍群

	A	B	C	D	E	F	G	H	I	J
古瀬	○	○								
山田	○	○	○	○	○	○				
土井	○	○			○	○	○	○	○	○

古瀬さんも興味を持つはず
（仮説）

協調フィルタリングを使ったオンライン書店のレコメンデーションでは、嗜好が似たお客さん（相関係数が高いお客さん）が買った本には、きっと興味を持つという仮説が使われている。上記の例では、古瀬さんと相関係数が高い土井さん、山田さんが購入した書籍の中から、まだ古瀬さんが買っていない書籍をピックアップして、レコメンドする。

おススメ本を紹介してもらうのと一緒。オンライン上で嗜好の似た人を選び出すため、購入履歴データと嗜好ベクトルを計算するアルゴリズムを使っています。

商品自体を商品特性ベクトルに変換して、商品間の相関係数からレコメンドするアルゴリズムもあります。アイテムベースのレコメンデーションです。協調フィルタリングに合わせて使われます。

統計分析を実務で使いこなすためには、複雑な計算ロジックや膨大な購入履歴から嗜好の似た顧客や商品を選び出すデータマイニングが使われます。大量のデータを短時間で分析する処理手順も不可欠です。それらを実現するのが、最近話題のビッグデータです。

レコメンデーションの手法を現場で応用

レコメンデーションの考え方を現場で応用しましょう。

「上位20％の顧客で80％の売上を占める」でおなじみの、パレートの法則に当てはめてみます。

お客さんの売上分析をすると、売上貢献度の高い優良顧客がわかります。パレートの法

図表3-6
パレートの法則

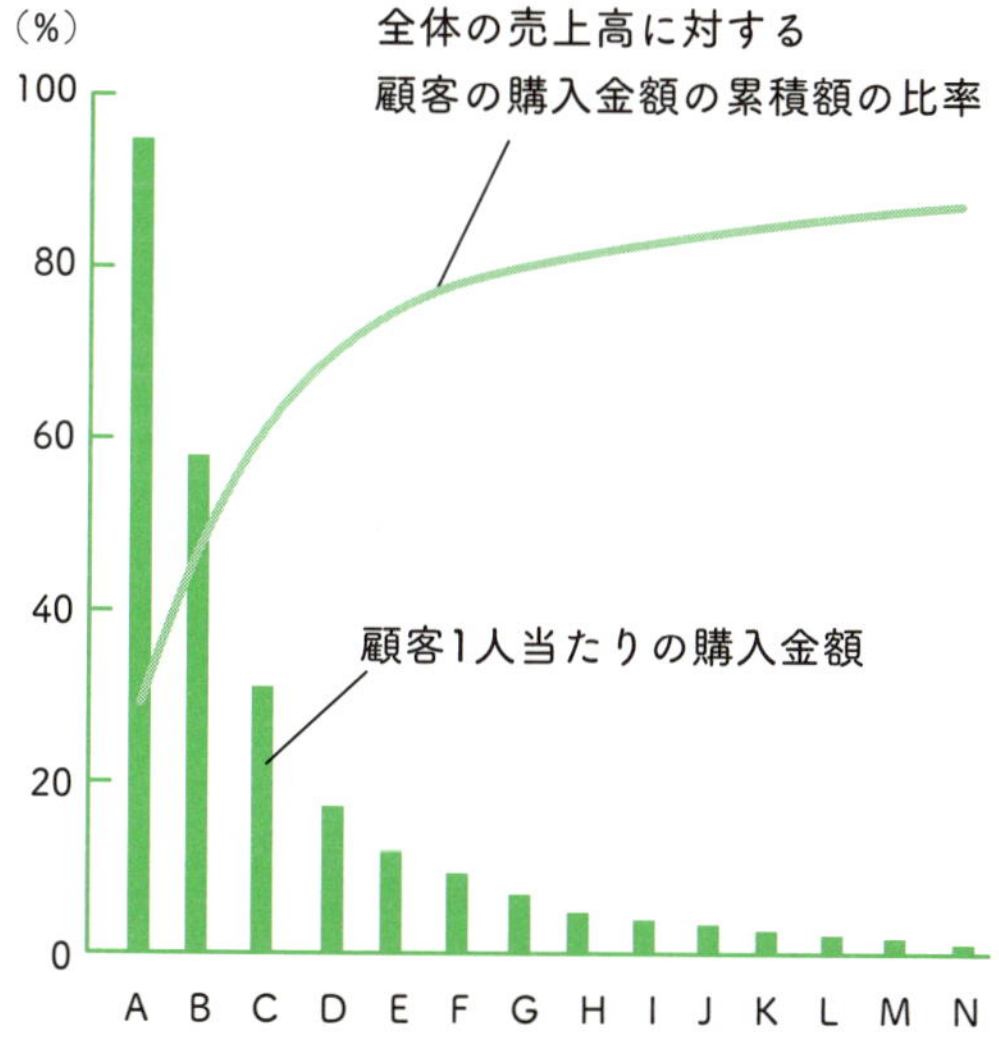

「上位20％の優良顧客で80％の売上を占める」ということを教えるパレートの法則は多くの事例に当てはまる。実際のデータで売上の分析をすると、パレートの法則通りの状況を発見することがある。

則を発見することは難しくありません。実際に分析作業を行い、優良顧客20％で80％の売上を占めるとわかると、すごい分析をした気分になります。

しかし、肝心なのはどんな示唆を得るかです。具体的なアクションにまで落とし込めないと、単なる物知りで終わります。

「20％の優良顧客を大事にしましょう」

これでは当たり前すぎて、具体的な行動計画になりません。

優良顧客は、当社の製品を気に入って買ってくれています。購入量が多いのは、当社製品に高く満足している証拠です。当社ファンとも呼べる優良顧客は、他にも何人もいらっしゃいます。相関係数を使ったレコメンデーションの考え方が、ここで活かせるのです。

彼らにもっと買ってもらうために、何をしたらよいのか。

優良顧客だからと言って、何でも買ってくれるわけではありません。欲しくもない商品をしつこく勧めると、大事なお客さんから信頼を失います。

彼らが自然と欲しくなるものを、押し売りでなく紹介する。

購買行動が似ているお客さんのデータを分析して、興味を持たれそうな製品をお知らせする。オンライン書店のレコメンデーションと同じ要領です。お客さんの購入意欲を自然な形で喚起させます。購入後に感謝される可能性も高いでしょう。押し売りや、根拠のない情報提供ではないため、購入確度は上がるかもしれません。

正反対の応用方法もあります。

優良顧客を失うと、売上に与えるダメージが大きくなります。その分を取り戻すのは大変です。

準優良顧客（たとえばBランク）のお客さんを、優良顧客（Aランク）に引き上げる策を取りたくなりますが、それは「正しく間違える」典型例です。人の消費性向は変わりません。ある日突然、そのブランドのファンになって大量購入を始めるなんて、机上の空論です。

Bランクと定義されるお客さんは、当社の製品に高い満足を感じていません。彼らにアプローチしても、Aランクに上がるか疑問です。消費性向は、生まれ持ったもの性格みたいなものですから。

大事なのは、優良顧客を色々な施策でつなぎ留めておくこと。BランクをAランクに上げる前に、すべきことがあります。

大切なお客さんとは頻繁に会って、いつも情報交換をしておく。定期的に様子うかがいに行く。コミュニケーションを密にして離脱を防止します。

クレジットカードやオンラインゲーム会社では、退会確率が高い顧客を特定する統計モデルを持っています。相関係数などを使った解析モデルです。退会するお客さんに特有のパターンを抽出し、そのパターンに似た行動のお客さんを特定して、引き留めます。

カードローンの金利を下げる、ゲームでのレアアイテムを無料でもらえるといったインセンティブを提示し、退会を思いとどまらせます。この手法がフェアかどうか議論はありますが、優良顧客から収益を確保し続けるという点では正解です。

統計分析は「信じられる仮説」を導く手法

マーケティングやリサーチの専門家でなければ、実務で重回帰分析や相関分析を使う機会は少ないでしょう。高度な統計手法は、彼らに任せておけばよいのです。ビジネスマンに必要なのは、その考え方を学ぶこと。統計的な思考体系から、行動するヒントをもらうのです。

私たちが目指すのは饒舌な評論家ではありません。困難や不運があっても、何とか数字を作ること。これが、ビジネスマンのミッション。その原動力が必要なのです。

幻想の因果関係に酔ったり、誰かの意見に反駁して時間を無駄にするのはやめましょう。無意味なロジックより、統計的に意味があることを信じる方が建設的です。

重回帰分析も相関も連関性を示すだけ。明確な因果関係を導けないこともあります。レコメンデーションのアルゴリズムでおススメされた商品が買われるかどうかは、やってみないとわからない。どれも統計的な傾向から作られた仮説でしかありません。

でも、「信じられる仮説」なのです。

その仮説が、アクションを起こす原動力になるなら、十分に価値があります。結果を出すためには、淡々と仕事をこなすための、信じられる何かが必要なのです。

たとえば、営業活動の最適化システムが導入された企業では、さまざまなＫＰＩ（重要業績評価指標：キー・パフォーマンス・インディケーター）が設定されていることも多いでしょう。訪問数がＫＰＩになっている企業があっても、驚きません。訪問数は、統計解析による分析の結果、成約率につながるアクションになる可能性が高いのです。何らかの根拠があって打ち出されたＫＰＩには、やはり意味があります。

設定された目標を追いかけていれば、結果が出る確率は高まります。

「でも、やっぱり納得して仕事をしたい」と思うのであれば、統計解析で導かれたＫＰＩを、自分なりに納得できるロジックに翻訳するのも手です。

では、なぜ訪問数が成約率を上げるＫＰＩになるのでしょうか？

訪問アポが決まれば事前に提案資料の準備をします。

お客さんのところに行くと、やはり仕事の話になります。単なる製品紹介から始まり、ディスカッションしているうちに、製品を導入するメリットについてお客さんが何かを感じるかもしれません。

営業現場に行けば、何かしら商談のネタが埋まっているのです。

企業のトップが取引先の表敬訪問をしたり、経営者同士が定期的に会食したり、ゴルフに行くのも同じ理由です。行くことで、営業の芽が生まれます。何かキッカケができれば、そこから先は、メカニクスが一定の確率で結果をもたらしてくれます。

03

期待値と「楽観」「悲観」のシナリオ

何かを起こす前の予測値

コイントスをすると、結果は50％ずつの確率で表裏になります。表が出たら100円もらえて、裏だと0円としましょう。

このゲームの期待値は何円でしょうか？

期待値とは、1回のトライで得られる見込みの値です。このゲームでは次のようになります。

50％（表が出る確率）×100円（賞金）＋50％（裏が出る確率）×0円（賞金）

＝50円（期待値）

コイントスは簡単なケースです。次に、サイコロの目の期待値を計算してみます。図表3－7のように、6つの目が出る確率は1／6ずつ。これを各目の数字に掛けると、期待値になります。

$\frac{1}{6}\times$ ⚀ $+\frac{1}{6}\times$ ⚁ $+\frac{1}{6}\times$ ⚂ $+\frac{1}{6}\times$ ⚃ $+\frac{1}{6}\times$ ⚄ $+\frac{1}{6}\times$ ⚅

$=3.5$ ⚂

答えは3・5。不思議な数字です。どう解釈したらよいのでしょう？　サイコロを振っても、3・5の目は出ません。

期待値は「何かを起こす前の予測値」です。サイコロ期待値3・5は、サイコロを振る前の予測値なのです。

期待値を計算することで、数字のイメージを持てます。期待値から取るべきアクションを逆算できるメリットがあります。

何より役に立つのは、図表3－7のような樹系図を描けることです。

不確定な未来を、いくつかのシナリオとしてイメージし、各シナリオの起こる確率を数

図表3-7

サイコロの目の期待値

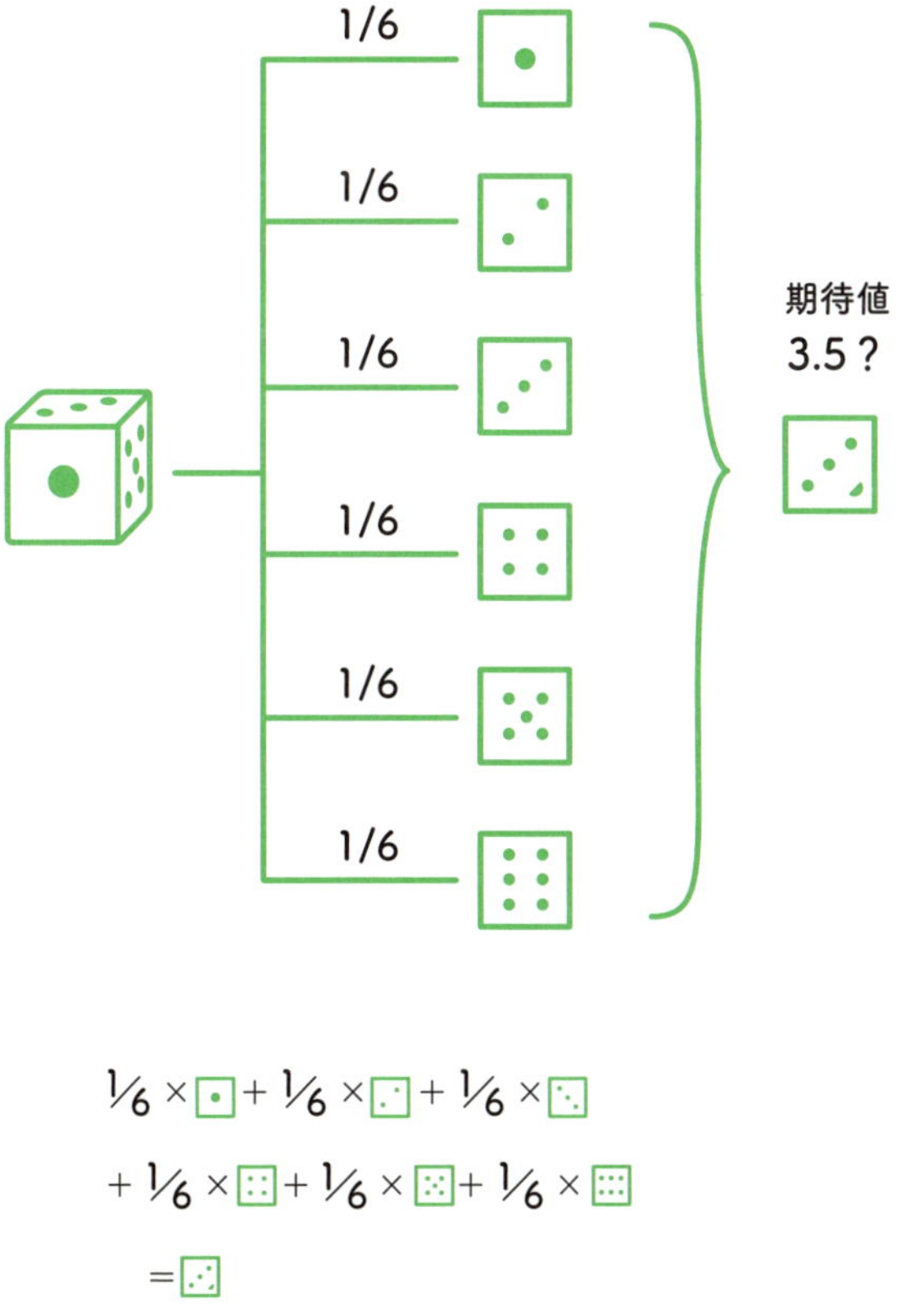

値で把握する。何が起こるか具体的に想像できると、心も体も準備もできるもの。想定外の出来事で慌てずに済みます。

シナリオ樹系図で考える

メカニクスに置き換えてみましょう。

３３５メカニクスをシナリオ樹系図にすると図表３－８になります。

ステップごとに結果は２つに分岐しますが、コンバージョンできなかった場合はそこでゲームオーバーなので、シナリオの数は４つです。

成約確率が４・５％ですから、商談金額を１００万円とすると、期待値は４万５０００円になります。この４万５０００円をどう考えるかで、体の動かし方が変わります。

アポ取りに成功して、お客さんを訪問した瞬間、その商談は４万５０００円の価値を持っている。成約までたどり着ける可能性は低くても、この訪問には４万５０００円の価値がある。

こう考えることで、商談に臨む姿勢が変わります。

図表3-8
335メカニクスのシナリオ樹系図①

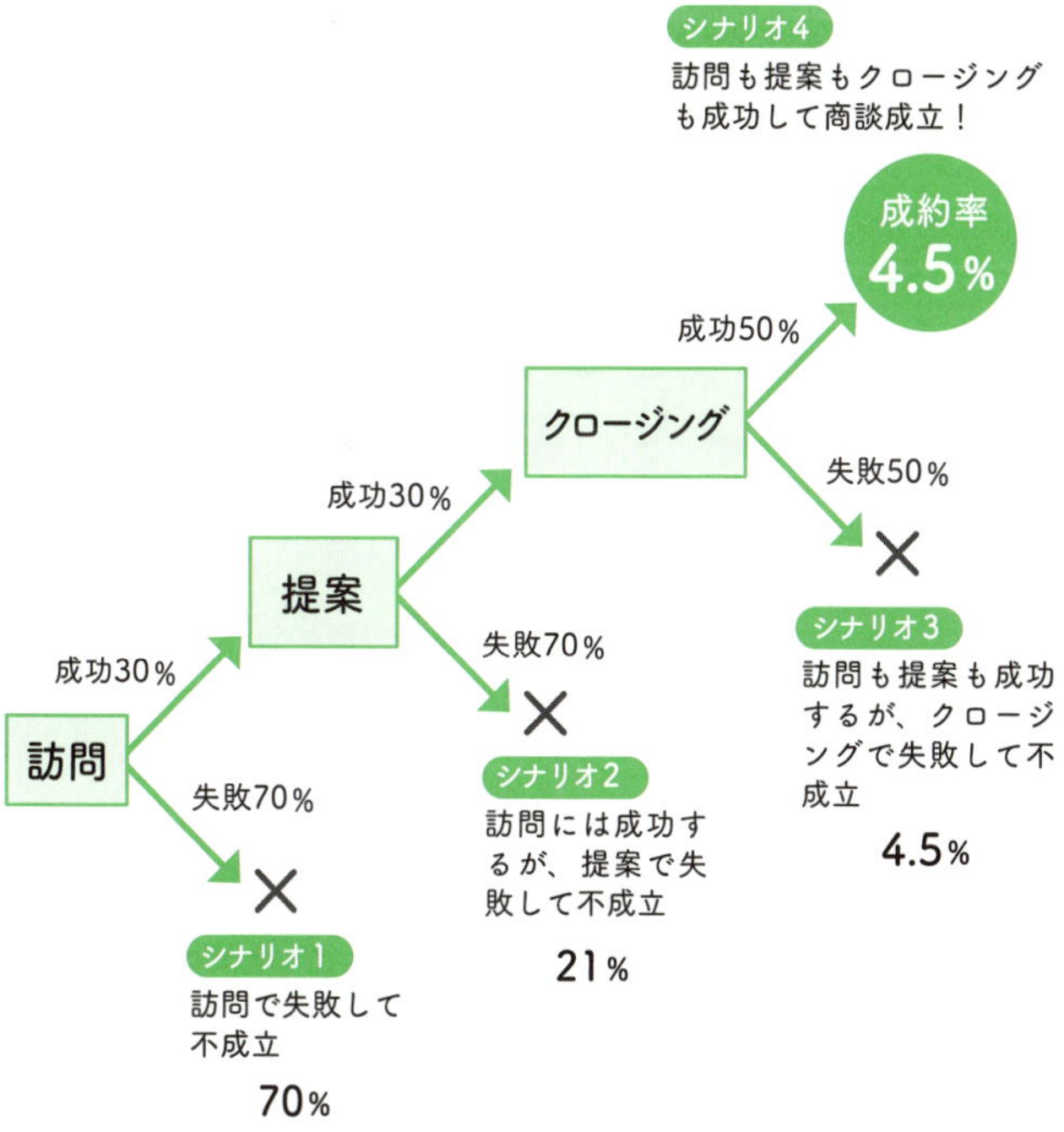

335メカニクスの営業は成約率が4.5％だから、商談金額を100万円とすると期待値は4.5万円。アポ取りに成功してお客さんを訪問した瞬間、その商談は4.5万円の価値を持っていると考えられる。

図表3-9
335メカニクスのシナリオ樹系図②

335メカニクスの100万円の商談で、訪問をクリアして、提案のステップに進むと、商談の期待値は15万円に上昇する。

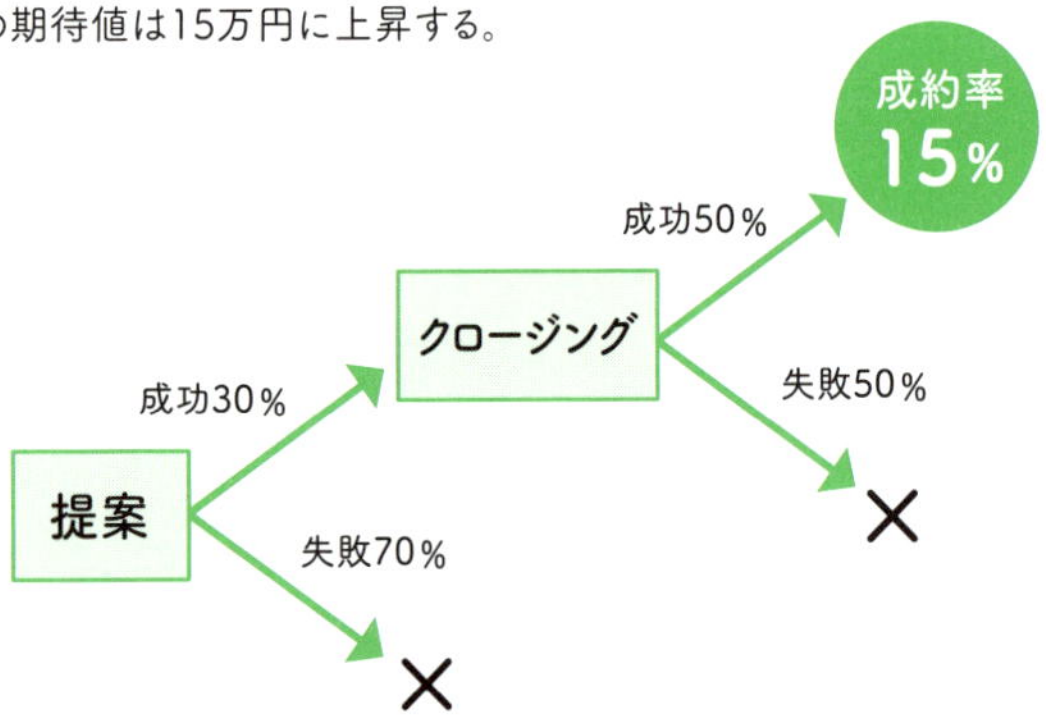

さらに、クロージングのステップに進むと、商談の期待値は50万円に上昇する。

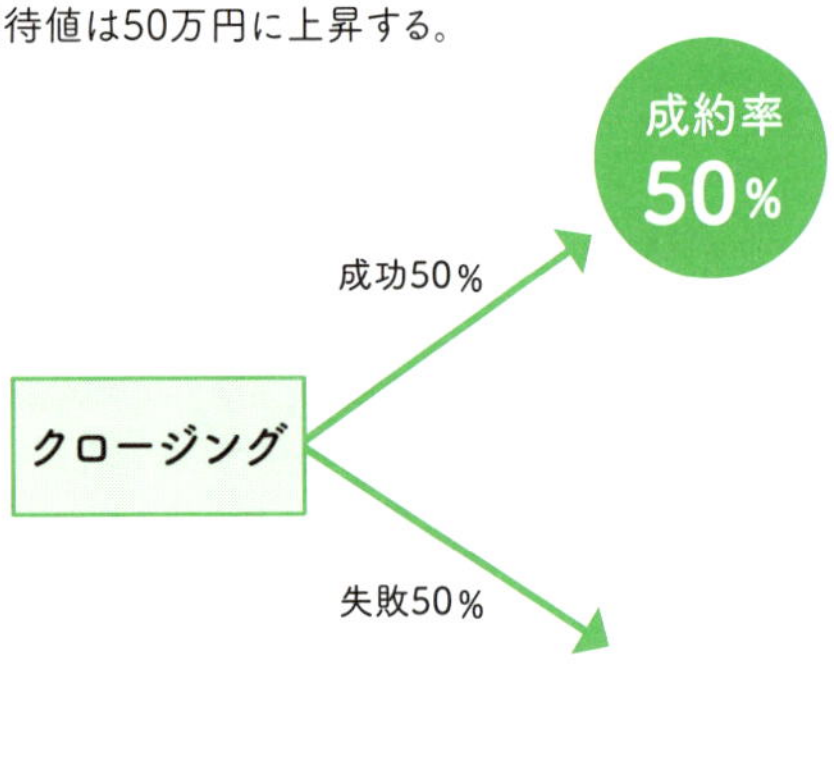

どうせダメだろう…、と投げやりな気持ちで商談に向かわなくなるのです。

運よく次のステップに進めると、その時点で期待値は大幅にアップします。図表3－9のように、商談成功率は15％に跳ね上がります。期待値も15万円になるのです。最終の購入ステップまで行くと、成約できる確率は50％。期待値は50万円です。ここまで来ると、気合いも入ります。

そして、お客さんから受注できました。

読み通りに100万円の売り上げ目標クリア、と思ったら、実際に受注できた金額は30万円ほど……。

仮に受注までこぎつけても、金額が読み通りになるとは限りません。やはりいくつかのシナリオに分岐します。こうしたケースでは、正規分布の考え方を応用します。

受注金額の期待値計算

正規分布グラフを、標準偏差±1を境にして3つに分解します。図表3－10のように、楽観、中間、悲観の3つの確率を考えると、統計的にも納得感があります。

それぞれの確率は、16%、68%、16%ほどでしたが、計算を簡単にするため、15%、70%、15%の概算値にします。

楽観シナリオが起こる確率が15%、中間的な結果になるのが70%、悲観シナリオは15%で起こる。こう考えると、心の準備もできるものです。

受注に成功した事例を、悲観・中間・楽観の３つにわけ、それぞれの受注金額を30万円、１００万円、２００万円と読むと、期待値は次のようになります。

15%(悲観)×30万円＋70%(中間)×１００万円＋15%(楽観)×２００万円
＝１０４・５万円

商談は、本来１０５万円ほどの価値があったのです。しかし、15%の確率で30万円程度の受注になる可能性もありました。こうした読みが事前にできると、結果がマイナスに振れても動揺せずに済みます。

正規分布を使った期待値計算は、金融工学で駆使される手法です。オプション価格を計算する際などで使われます。

図表3-10
受注金額の期待値計算

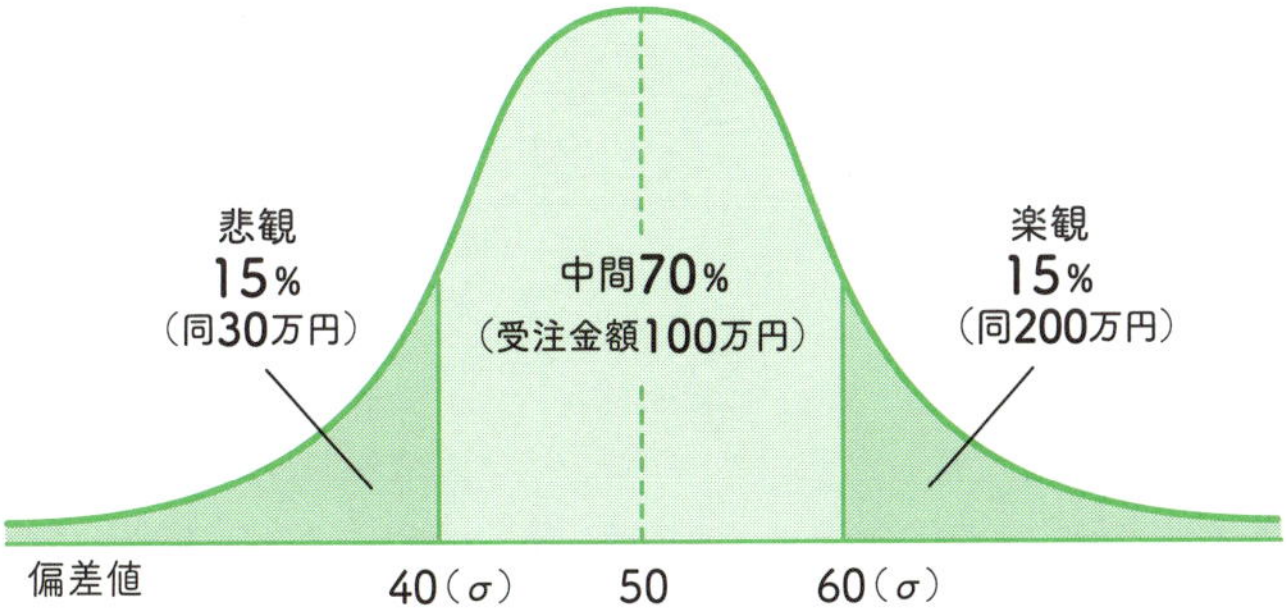

受注金額を正規分布と見て、上図のように楽観（受注金額200万円）、中間（同100万円）、悲観（同30万円）に分けて考えてみる。それぞれの確率は15%、70%、15%とすると。期待値は次のようになる。

15%(悲観)×30万円＋70%(中間)×100万円
＋15%(楽観)×200万円＝104.5万円

この商談には105万円ほどの価値があるが、15%の確率で30万円程度の受注になる可能性もある。

目標を逆算する

期待値計算ができるようになると、目標設定も方法も変わります。

335メカニクスで考えてみましょう。

お客さんを1件訪問した場合に、商談の成功確率は5％、成約した場合の金額が30万円だとします。このケースの期待値は1・5万円になります（30万円×5％）

月当たりの目標が150万円だとすると、次のような計算ができます。

150万円（月間目標）÷1・5万円（訪問1件当たりの期待値）
＝100件（目標訪問数）

つまり、今月100件の初期訪問ができれば、確率計算上、150万円の月次売上目標が達成できるのです。売上目標は、訪問件数に翻訳されました。

月次目標150万円を1件当たりの成約金額30万円で割って、5件の成約と計算する方法もありますが、この方法は確率計算がすっぽり抜けています。成約率5％を考慮せず、

「何とかなるさ」と営業しても、結果はついてきません。連戦連敗でモチベーションも下がってくるでしょう。

根拠のない積み上げでは成績は出ません。期待値計算から、わかりやすい目標に落とし込むことで動きやすくなるのです。

リアルオプションが教える「時は金なり」

リアルオプションという考え方も、ビジネスへの示唆に富んでいます。

オプションは通常、金融の分野で使われるものです。現在の為替が1ドル90円だとして、1年後に1ドル88円で買い取る権利はいくらか？　こうした金融商品をオプションと呼びます。為替や株式などを買う権利（コールオプション）、売る権利（プットオプション）が取引されています。

複雑な計算式で算出されるオプションは、統計的な手法で価格が決まります。有名なブラックショールズモデルも、基本的な考え方は同じ。正規分布や標準偏差、正規分布グラフから計算される確率、シナリオ分析といった統計手法をベースに、複雑な計算で価格が算出されますが、根本的な考え方はみなさんが学んだことばかりです。

オプションは、時間と不確実性に価格を設定した金融商品です。不確実な未来を担保する。確率・統計の本領発揮です。

オプション行使までの期間が長くなれば、それだけ不確実性が高くなり、価格は上がります。行使価格（オプションを行使する価格）が、現行価格と乖離していれば、やはり価格は上がります。そのシナリオが起こる確率が低いからです。

期間が短く、行使価格が現行価格に近い場合でも、価格の変動率が高いとオプション価格は上がります。価格の変動率はボラティリティーと呼ばれる標準偏差で決まります。為替や株が期間内にどう変動するのか、正規分布で計算するのです。

ブラックショールズモデルなど、オプション価格の計算式は煩雑なので解説を割愛しますが、興味がある人は是非とも挑戦してみてください。

では、このオプション理論を応用したリアルオプションについて簡単に解説しましょう。

ある企業が新規事業の立ち上げを検討しています。

業界内のライバルに先駆けて打って出る、画期的な新規事業です。成功すれば、100億円規模の事業になりますが、成功する確率は50％です。失敗してすべてを失う確率も50％です。

投資金額が20億円として、あなたが経営者だったらどう意思決定しますか。

シナリオ樹系図で示すと図表3－11になります。

事業規模の期待値は50億円、投資が20億円ですから、差し引き30億円の収益が残る計算です。しかし、シナリオが起こる確率はコイントスと同じです。裏が出ると、売上ゼロになり、投資金額20億円が損失額です。

普通の経営者なら、こうしたギャンブル性の高い新規事業には手を出しません。しかし、会社が破綻寸前で、とにかく一発逆転に賭ける、という特殊な事情に直面した企業は別。リスクを取って奇跡に賭けます。失敗したら、その企業は破綻します。そうでなくても破綻の可能性が高いので、リスキーな選択肢に賭けるのです。

通常の企業であれば、いきなり大型投資をするのではなく、1年間トライアルテストを

図表3-11

新規事業投資の期待値

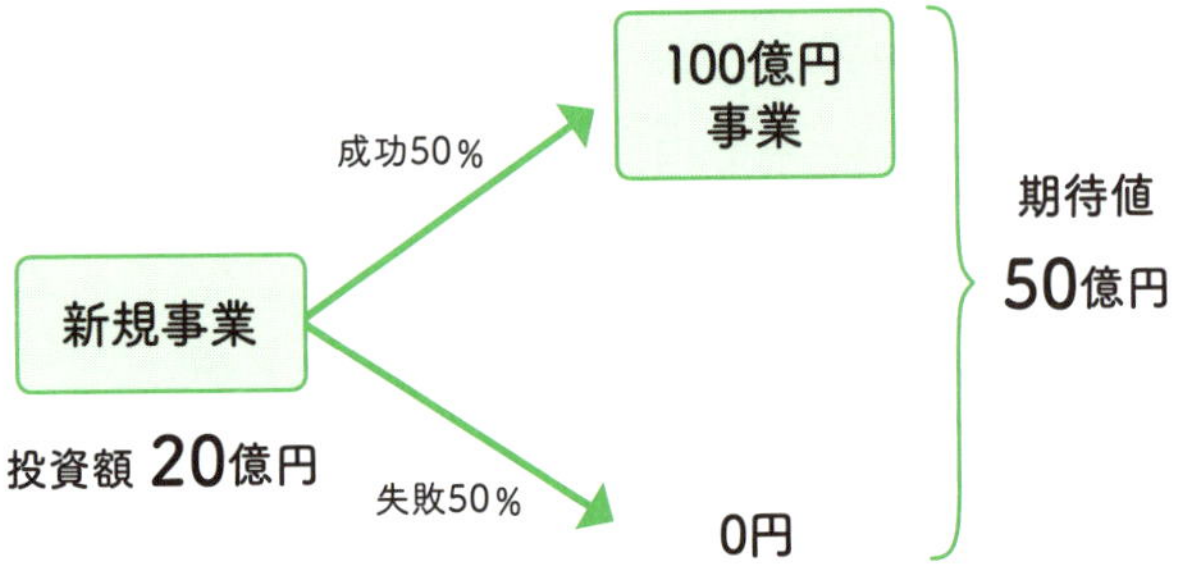

50億円（事業期待値）－20億円（投資額）＝30億円

業界内のライバルに先駆けて打って出る画期的な新規事業を計画。投資金額は20億円。成功すれば100億円規模の事業になるが、成功する確率は50％。失敗してすべてを失う確率も50％。事業規模の期待値は50億円、投資額が20億円だから、差し引き30億円の収益が残る計算。しかし、失敗すると売上ゼロに終わり、投資した20億円が損失になる。

する、という選択肢もあります。

小規模投資でトライアルテストをすると、1年間で1億円の費用がかかるとします。テスト期間中にライバル社に先を越される可能性もあります。しかし、ライバル社の成功は、市場が立ち上がった証拠。それを確かめてから参入できるのです。

この場合、後発参入なので成功確率は80％ぐらいに上がります。一方で、成功しても後発の分だけ事業規模は小さくなり60億円ぐらいです。追加投資金額は20億円とします。シナリオを描くと、期待値は48億円になります。そこから追加投資額を差し引いて、金利が3％と仮定して現在価値に直すと27・2億円です（図表3－12）

もうおわかりですね。

トライアルテストは、オプションを買ったのと同じ意味を持ちます。1億円でウェイトオプション（「待ち」のコールオプション）を買い、参入タイミングを見計らったのです。

このウェイトオプションは27・2億円の価値を生み出しています。しかも、約80％の高い確率で事業が立ち上がるのです。

図表3-12
新規事業投資のリアルオプション

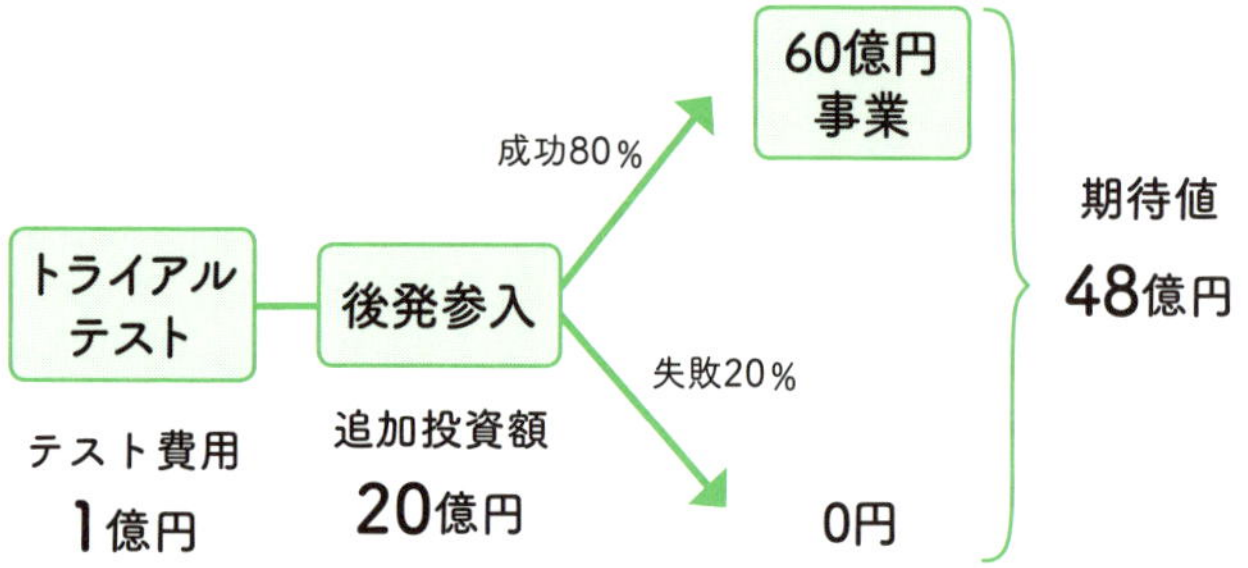

$$\frac{48\text{億円（事業期待値）}-20\text{億円（追加投資額）}}{1.03\text{（金利3％）}}=27.2\text{億円}$$

いきなり大型投資をするのではなく、1年間トライアルテストをする。1年間で1億円の費用がかかる。テスト期間中にライバル社に先を越される可能性もあるが、ライバル社の成功は市場が立ち上がった証拠だから、確信を持って参入できる。その場合、成功確率は80％ぐらいに上がる。一方、成功しても後発になる分だけ事業規模は小さくなり、60億円。追加投資金額は20億円とする。事業規模の期待値は28億円。金利が3％と仮定して現在価値に直すと27.2億円になる。期待値は下がるが、成功の確率は高まる。

こうした選択がリアルオプションと呼ばれる戦略です。名前は難しくても、基本的な考え方はシンプルです。リアルオプション戦略を知らなくても、ウェイトオプションを使って新規事業を立ち上げている企業は多数あります。後発参入で確率をコントロールするのも、立派な事業戦略なのです。

ビジネスマンは、ウェイトオプションから重要な示唆を得られます。お客さんとの関係を維持することで、オプション価値は高くなる、ということです。商談の最中、懇意にしているお客さんと険悪になる瞬間もあるでしょう。そこで啖呵を切り関係を断ってしまうと、オプション価値を失います。未来永劫、期待値はゼロのままです。対決や決裂は、オプション価値をゼロにする子供っぽい行動なのです。ウェイトオプションのスタンスを取って、お互い頭を冷やしてから関係を修復すれば、取引を再開できる可能性もあります。また商売になります。

議論に勝って溜飲を下げたり、性急な行動に出るのは損をするだけ。「金持ち喧嘩せず」は、統計的に根拠がある格言だとわかります。

chapter 4

数字のマジック、伝え方のマジック

01

ポジティブな表現とネガティブな表現

言い方によって、伝わる印象が変わります。

良い提案をしたのに、ネガティブな印象を持たれて商談がストップする。逆もまたしかりで、商品の良い面だけを説明して商談するのはお客さんを半分騙したようなもの。短期的に取引が成立しても、長い目で見ると、結局はお互いに損をします。

不利な情報を出さずにコンバージョン・レートを上げる商法を本書では推奨しません。デメリットや欠点をうまく隠して売るのは、不誠実です。情報を正確に伝えても、成功率はある一定の確率に収束するのですから。

数字表現マジックの典型例を紹介しながら、Sメカニクスへの応用を考えてみます。

「99%」と「1%」、どちらがわかりやすいか？

A：この手術は99％の確率で命に別状はありません。
B：この手術では1％の確率で死亡します。

あなたが患者だったら、どちらの手術を受けたいですか？

確率はどちらも同じなのに、Bの「1％で死亡する」手術には恐怖を感じます。逆にAの「99％命に別状ない」は、たぶん大丈夫と思ってしまうもの。人間には、同じ確率でも違った受け止め方をする傾向があるのです。

心理学や経済学では、こうした傾向を説明するプロスペクト理論が使われます。一般的になってきた概念なので、すでに知っている読者の方も多いでしょう。

人は、自分が得をすることより、自分が損をすることに過剰反応する。1000円もらうのと、1000円失うのでは、1000円失う方が心が受けるインパクトは大きいのです。同じ金額であっても、こうした傾向が出ます。

損失に対して無意識に過剰反応する傾向は、原始的な人類が身につけた生きる知恵とも言えます。命に関わる危険は深く記憶に刻み込んでおく必要があったのでしょう。生存するための反射です。

プロスペクト曲線の崖

プロスペクト理論をグラフに表すと図表4－1のようになります。

グラフをよく見ると、「プロスペクト曲線の崖」とも呼べるエリアがあることに気がつきます。損失側に入ってすぐの領域で、ネガティブな反応が大きくなっています（丸で囲んだ部分）。

どんなに小さなマイナスでも心に与える影響は甚大、ということです。

手術の事例では、自分の命がかかっているので、余計に強いインパクトがあります。「1％で死亡する手術」と言われて、心が波立たない人はいません。

ネットやメールを使った詐欺商法は、プロスペクト曲線の崖を巧みに利用しています。

たとえば、登録している動画サイトやSNSから「宝くじに当たった／動画サイトに投

図表4-1
プロスペクト曲線

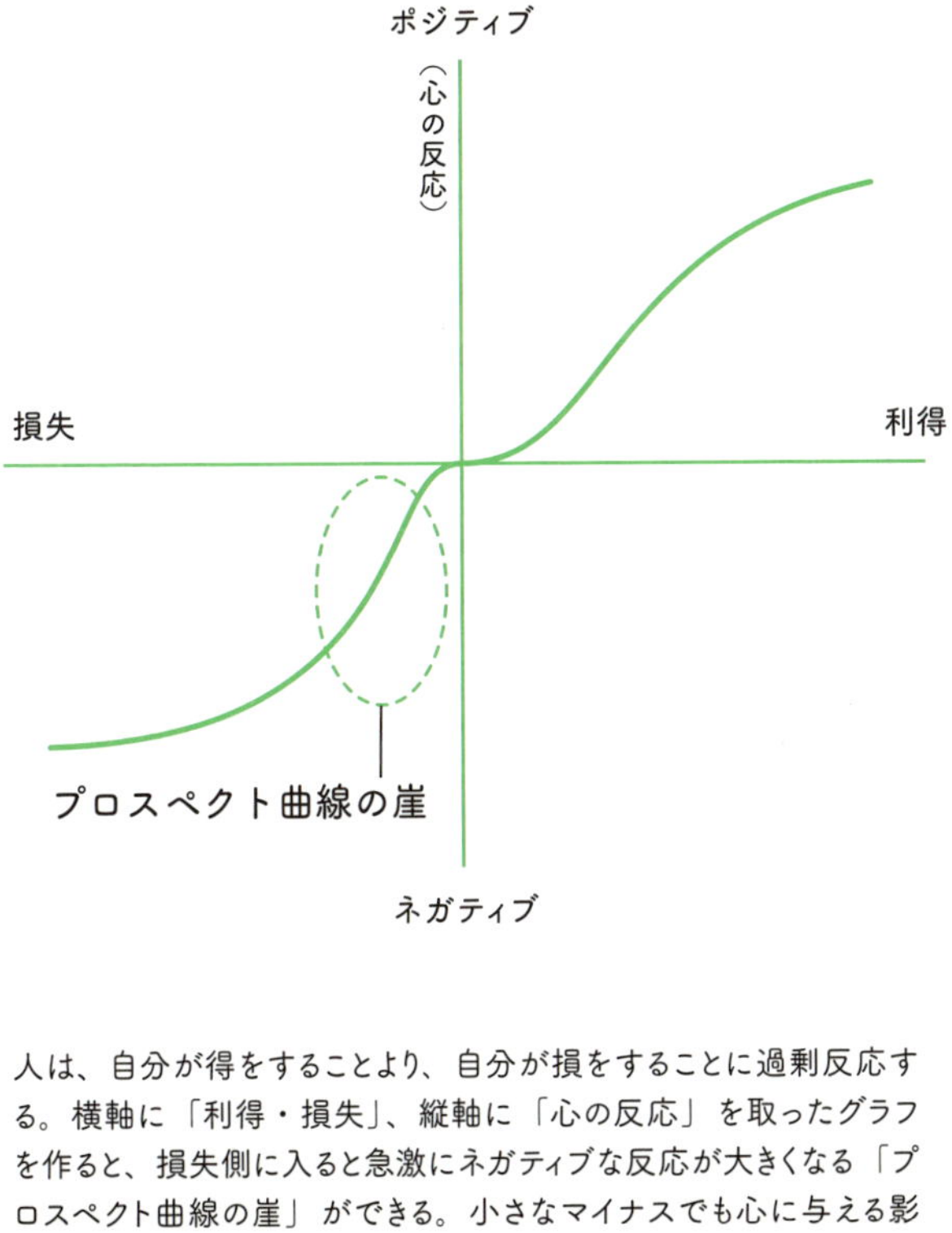

人は、自分が得をすることより、自分が損をすることに過剰反応する。横軸に「利得・損失」、縦軸に「心の反応」を取ったグラフを作ると、損失側に入ると急激にネガティブな反応が大きくなる「プロスペクト曲線の崖」ができる。小さなマイナスでも心に与える影響は甚大、ということ。

稿した動画のアクセス数が増えて広告収入が入ります」といったメールが届きます。興味本位でリンク先をクリックすると、怪しげなアダルトサイトに誘導され、「会員登録が完了しました。年会費30万円をお支払いください」とメッセージが表示されます。そんなバカなと思っても、突然30万円の借金を負わされた気分になるものです。

まさにプロスペクト曲線の崖です。さらに「30日トライアル分5万円で、解約可能です」とあれば、ますます手が込んでいます。5万円でこの不愉快な状況から抜け出せるなら、すぐにでも払ってしまいたい。30万円払うより、5万円のキャンセル料の方が得。こちらはプロスペクト曲線のプラス領域を活用するわけです。25万円の得、しかも30万円の負債を追った状況から抜け出せる。

あいた口がふさがらない詐欺手法です。

99％という確率にも触れましょう。

日本語の99％は「ほぼ100％」の意味ですが、偏差値だと73になります。超難関校を突破するレベルの偏差値ぐらいです。同じ学校内には神童がいました。あり得ない偏差値や、起こり得ない確率ではないのです。

身長ではどうでしょう。男子の平均身長を170センチ、標準偏差が6センチとすると、偏差値73は184センチです。友人や知り合いで184センチ以上の人は、意外と多いもの。1%とは、こうした確率です。

99%という確率は、身近な事例に当てはめると、「ほぼ100%」にはなりません。それを実感することが重要なのです。

本書のサブタイトルにも99%を使っています。

私の性格だと、68%とか、96%とか、保守的なタイトルをつけたくなるのですが、逆に意味がわかりにくくなります。なので、世の中の例に従い99%にさせていただきました。統計的な考え方は、ほぼ100%のビジネスで役に立ち、誇大表現にならないと思っているのですが……。

オープンカー効果の作用と反作用

オープンカー効果と呼ばれる、人間の傾向があります。無意識のうちに楽観的に考えてしまうことです。

想像してみてください。

貯金をはたいて、昔から欲しかったオープンカーを買うことになりました。どんなドライブシーンを思い描きますか？

穏やかに晴れた日、気持ちの良い風を浴びながら、山道を駆け抜けていく。あるいは、爽やかな風の中、都内を疾走する。映画の1シーンのような場面を想像するはずです。

しかし1年365日のうち、オープンカー日和は何日ぐらいでしょう。

暑すぎる夏は適さないし、冬の寒さはつらいもの。雨が降ったら幌をかぶせるし、曇りの日は運転する楽しさも半減します。こう考えてみると、気持ちよく晴れ、適温なオープンカー日和は年に60日もあるでしょうか。確率だと20％以下です。

買う人は、この確率をもっと高く感じるのです。

実際よりも楽観的にものを考える傾向。これがオープンカー効果と呼ばれる心のバイアスです。この効果を悪用してコンバージョン・レートを上げると、後で痛い目に遭うかもしれません。お客さんに騙されたと思われては、商売は失敗です。

確率だけでなく「整数」で伝える

30%と言うのと、10回のうち3回と言うのでは印象が違います。確率よりも整数の方がわかりやすいのです。

chapter1のSメカニクスの説明で確率と整数を両方使ったのは、これが理由です。説明がくどくなるのを承知で、あえてそうしてきました。

そしてポジティブに表現するか、ネガティブに表現するかでニュアンスは変わります。

100回で15回成功する。100回トライしても85回は失敗する。約7回に1回は成功する。7回チャレンジしても、6回はうまくいかない。

どれも同じ確率を説明しています。その中で、どれが自分にとって一番しっくりくるか、どれがお客さんの心に響くのか見極めます。

人によって受ける印象は違うし、プロスペクト曲線の影響も受けます。ケースバイケースで使い分ける機転が求められます。

手術の事例に戻りましょう。

「100人手術して、99人は無事」と「100人手術すると1人は亡くなる」は、確率で伝える場合と比べてどう感じるでしょうか？

1％の確率で死ぬと言われるよりも、少しは安心感が増しませんか？

同じ数字なのに、確率より具体的な数で示された方がイメージしやすいのは不思議なこと。なぜでしょうか。

その理由は、確率が別の意味に取られることがあるからです。

天気予報で雨の確率が30％と聞くと、1日のうち30％の時間帯で雨が降るように誤解する人もいます。「同じような日が10回あったら3回は雨が降る」という意味だと受け取ってくれない可能性もあるのです。確率を比率として認識する。人にはこうした傾向があります。

1％の確率で死亡するという表現も、手術中1％の時間帯で死亡する、と解釈すると怖くなります。

数分間心肺停止して、そのまま機能回復しなかったら……。

プロスペクト曲線の崖と併せて、二重に恐怖感を覚えるのです。

デノテーション（表の意味）とコノテーション（裏の意味）

「Aちゃん、今日頑張ってるね」という女性独特の言い方があります。これは決して褒め言葉ではないのでしょう。

デノテーション（表面的な意味）とコノテーション（言外の意味／裏の意味）という呼ばれる概念です。ビジネスより、哲学などでよく使われます。

「頑張ってる」が持つネガティブ・コノテーション（想起されるネガティブな意味）は、とても辛辣です。無理をしている、その人の容姿や性格に見合っていない。そんなに無駄な努力をしても、うまくいくわけがないのに……。といった、悪意に満ちた表現です。

ネガティブ・コノテーションの達人になる必要はありませんが、使わないといけない局面があります。

お客さんに言いづらいことがある。でも言わないといけない。そんなときは、ネガティブ・コノテーションで、逃げながら攻めるのです。

ネガティブなことをダイレクトに伝えると、こちらの意図以上にインパクトを持って相手に伝わります。「御社の製品は性能が低い」と言われるのと「B社さんの製品の方が、

ちょっと機能面で上を行ってるから……」では、受け取る側の印象が違うものです。
　お客さんに何かを進言するときは、「店舗のオペレーションがひどいですね」と言うより、「A店では店員さんがキビキビ動いていて、お店の中もキレイでしたよ」とソフトに言った方が、相手も受け入れやすいはず。お客さんが言外の意味をくみ取って、「そうかあ、うちの店もちゃんとしないとなあ。どの辺を改善するとA店みたいになると思う？」と質問されればしめたもの。そこから会話が弾んでいきます。
　面と向かって非難されることは、誰だって嫌なものです。

「確認バイアス」という過剰反応

　ダイレクトな言い方は、過剰な化学反応を誘発します。一度ネガティブな印象を持たれると、冷血漢やら悪人やらと、まるで腹黒い極悪人のような偏見を持たれます。

　話はそこで終わりません。次回以降の商談で、「確認バイアス」が発生します。確認バイアスとは、たとえば相手を悪い人だと決めつけると、その人物像に合致する情報だけを見るようになる傾向のこと。「あばたもえくぼ」「坊主憎けりゃ袈裟まで憎い」といった表現は、確認バイアスの典型例です。

世の中には、打たれ強い人や直接的な表現で言われるのが好きな人もいます。鈍感すぎて、間接的な表現では意図が伝わらない人もいます。だからこそ、引き出しからいろんな表現を出せるようにする。ネガティブ・コノテーションは、1つのオプションとして持っておけばよいのです。

言い方や言葉遣いを間違えると、ネガティブ・コノテーションは単なる嫌味になります。嫌味と自慢が混ざった言葉を吐く人の話は、鼻につきます。慇懃無礼で上から目線の商談相手を可愛がるお客さんは少ないもの。ネガティブ・コノテーションを使う頻度と使い方には、やはり注意が必要です。

02

期待値のマネジメント

お客さんを喜ばせようと安請け合いをして、結局期待に沿えなかった。それどころか、良かれと思ってしたことで、逆に相手を怒らせてしまう。営業職をしていると、こうした失敗をしないよう、期待値マネジメントの教育を受けるものです。

できない約束をして、結果的に相手を裏切ってしまうのは、プロスペクト曲線の崖から落ちることです。数年前に政権を取った某政党のマニフェストと同様に、期待が高かった分、失望感が大きくなります。

しかし、期待値を最初から下げて、相手を喜ばすのもあざとい気がします。相手を騙すのは、良い気持ちがしません。できることを、自分の心に嘘なく伝える方法を考えてみましょう。

アンカリングは「サバ読み」

アンカリングという言葉も少しずつ一般的になってきました。アンカリングとは、「錨（アンカー）を下ろす」こと。こちらからある情報を出すことで、相手の思考に強い影響力を与える手法です。

交渉を優位に運んだり、相手を騙す方法にも使えます。詐欺商法では、悪質なアンカリングの手口が使われます。

自転車を売り買いするケースで、アンカリングの効果について考えてみましょう。

あなたは、友人に中古の自転車を売ることになりました。

もう何年も乗っているマウンテンバイクなので、2万円で買ってもらえれば十分です。ただ、最初から2万円と言うと値切られるから、「4万円でどうですか」と切り出しました。友人から「もうちょっとまけてくれない」と言われ、最終的に3万円で商談成立します。あなたは、まんまと1万円分得をしました。

この「4万円」が、友達との交渉で打ったアンカー（錨）です。友人は4万円という言い値に影響され、3万円までしか値切り交渉ができませんでした。あなたの交渉術に、うまく乗せられたのです（図表4－2）。

本来2万円で売るべきものを、アンカリングのテクニックを使って1万円騙し取ったようなもの。後ろめたい気分になりませんか？

旅行先の露店で、安物をとんでもない値段で買わされるのも、この手法で交渉させられるからです。最初から高い値段でふっかけておいて、後から大幅な値引きを演出して相手の満足感を引き出すのは、詐欺的な商売です。

納期の日数や価格に下駄をはかせて伝える方法もあります。これを営業のテクニックのように教える本もありますが、あざといやり口だと思います。相手に嘘の情報を伝えて、そこからの交渉を優位に進めるのは、典型的な騙しのテクニックです。詐欺商法と同じ手口なのです。

シカゴ大学の意思決定論でアンカリング効果を学んだのを思い出します。教授は「仕事で使えるコンセプトだ」と教えるのではなく、「こうした思考の罠があるから、意思決定の際に気をつけるべし」と説明していたものです。

私は、アンカリングを交渉術のパワーツールとして紹介する気にはなれません。人を騙

図表4-2
アンカリングを使って交渉する

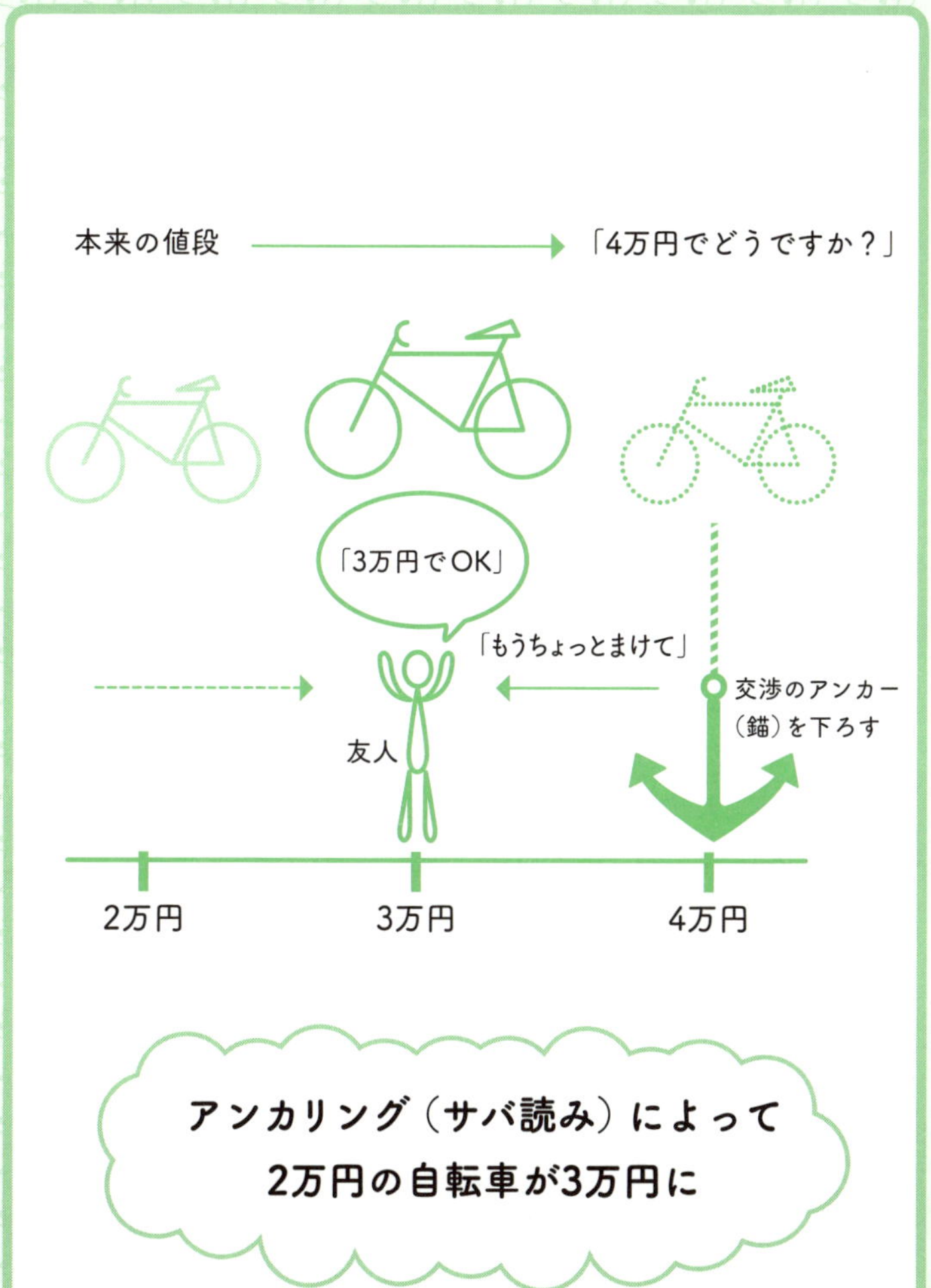
本来の値段
「4万円でどうですか？」
「3万円でOK」
「もうちょっとまけて」
交渉のアンカー（錨）を下ろす
友人
2万円
3万円
4万円
アンカリング（サバ読み）によって
2万円の自転車が3万円に

すテクニックは、騙されないために使うもの。騙すことは、商売の道に外れています。

どうしても引けない、ギリギリの交渉でアンカリングを駆使するのは仕方ないと思います。企業買収や、企業の存続をかけて臨む金融交渉、従業員の生活に関わる場面などがそれに当たります。お互い、食うか食われるかの局面であれば、多少の荒業を使っても許されるかもしれません。

国際間の領土問題では、お互いアンカリングの応酬のような泥仕合を仕掛けることがあるものです。国民を食べさせるために、正当に自国の領土を主張するのなら理にかなっていますが、政治的な権力闘争の道具として使われるのには腹が立ちます。

アンカリングには、「言ったもの勝ち、やったもの勝ち」の側面もあり、お互いへの敬意を欠いた態度とも言えます。まさに劇薬です。

普段からつき合いのある相手にアンカリングを使うと、後々に禍根を残します。お互い嫌な記憶が長く残ります。それが、将来の営業活動にどう影響するか心配です。すぐに乗り越えられればよいですが、そうでないと、大切な商売相手を失うことになります。

情報は正確に伝えること、と同時に、相手の期待感を過剰に煽らない工夫が必要です。稀に、アンカリングを金科玉条の超理論のように提唱する人がいますが、彼らの言葉を真に受けないでください。実業経験がない人は、エキセントリックな言葉を使って目立とうとするものです。ビジネスは、喧嘩でも詐欺行為でもありません。三方よしの精神に立てば、アンカリングをどう使うべきかわかるはずです。

信頼区間84%で伝える

アンカリングの代わりに提唱したいのが、正規分布や偏差値を使った交渉手法です。結果としてアンカリングを同じ交渉ができます。しかも、相手を騙すのではなく、誠実な姿勢を守って、営業交渉を進められるのです。

納期の日数を事例に考えてみましょう。お客さんから注文いただいた製品の納期は3日前後です。この日数が、納期にかかる経験的な中間値だとします。一方で、遅れる確率がどれくらいか計算してみます。

たとえば、16%ぐらいの確率で2日以上遅れることがある、とします。正規分布のグラフを思い描きながら考えてみると、標準偏差1つ分、偏差値40ぐらいのイメージで納期は5日以上になる、ということです。

逆に言えば、84％ぐらいの確率で、5日以内で納品できるということです（図表4－3）。

よって、

「5日あれば、ほぼ間違いなく（84％の確率で）納期できます。通常は3日ぐらいで大丈夫なのですが、まれに遅れることもありますから」

という言い方をするのです。

正規分布を使った確率計算から、現実的な納期日数を伝えたことになります。

何の根拠もなく数字に下駄をはかせるのと、確率計算で出した数字では意味が違います。意図的に相手の期待値を下げているのではなく、誠意を持って正確な数値を伝えているのです。

結果はアンカリングと微妙な違いかもしれませんが、実は大きな違いです。商売に対する姿勢が根本的に異なるのです。

要は、気持ちの問題です。

相手を騙してでも売ろうという姿勢は、必ず態度に出ます。それを繰り返していると、信頼を失うのです。

図表4-3

正規分布の考え方で納期交渉する

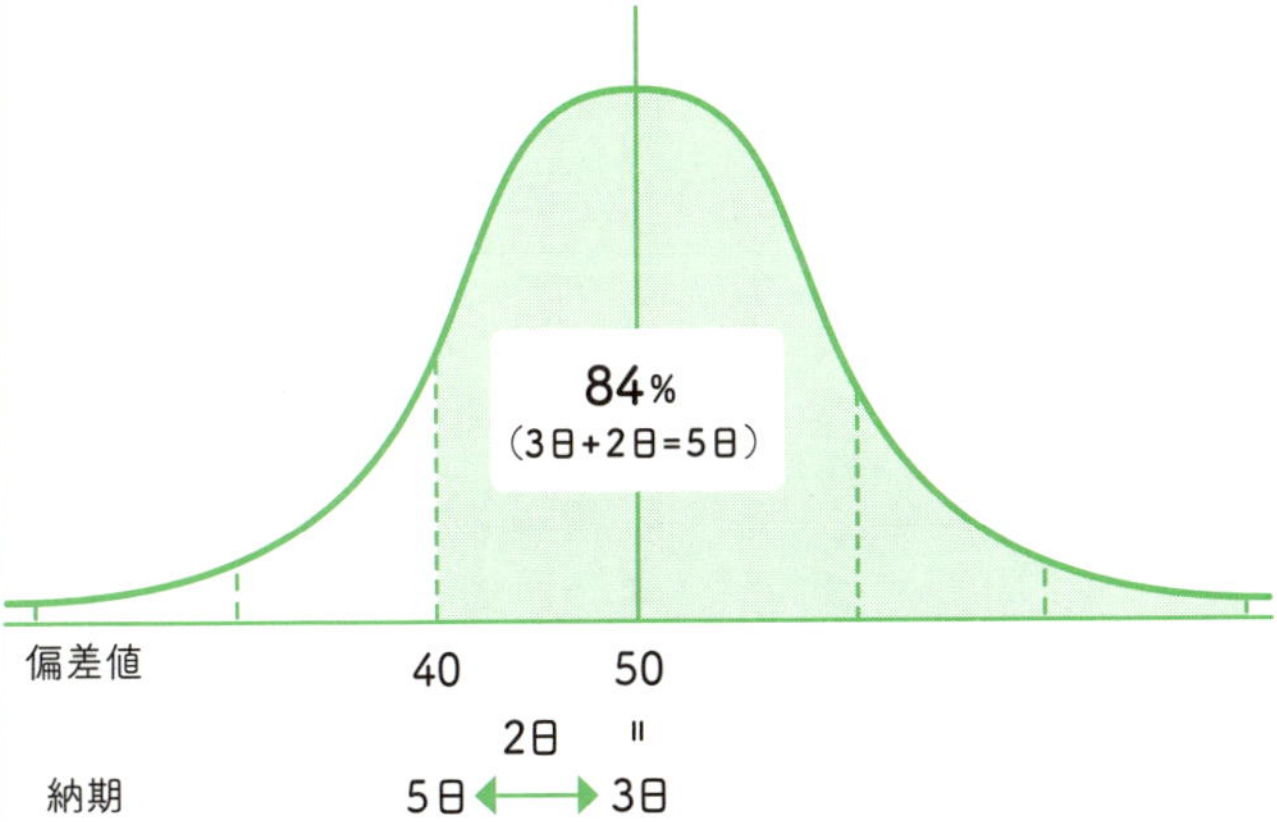

お客さんから切り出された納期は3日前後。過去の実績の納入日数を正規分布を当てはめて、16%ぐらいの確率（偏差値40以下のイメージ）で2日以上遅れることがあると考えて、「5日あれば、ほぼ間違いなく（84%の確率で）納期できます。通常は3日ぐらいで大丈夫なのですが、まれに遅れることもありますから」という言い方をする。正規分布を使った確率計算から、現実的な納期日数を伝えたことになる。

価格交渉のケースで考えてみましょう。友人に自転車を売る事例に再登場してもらいます。あなたが売ろうとしている自転車の中古価格を調べると、中心価格は3万円前後で、2万～4万円の価格帯で取引されていました。メンテナンスの程度やパーツの消耗度で価格にバラつきがあるようです。

これを正規分布でイメージします。2万～4万円のレンジで、標準偏差±1ぐらいと仮定してみましょう。偏差値40～60で、68％がカバーされます（図表4－4）。

友人への譲渡価格が、このレンジに収まればよいとあなたは考えます。

もともと2万円を底値で考えていましたが、平均的な価格は3万円だとわかりました。とはいえ、この自転車には適切なメンテナンスをしてきたし、消耗部品も交換済みだから4万円の値付けも妥当だと思えます。よって、4万円という価格を友人に伝えるのです。

結果だけ見ると、2万円ぐらいかなあ、と考えていた自転車に4万円の値付けをしています。アンカリングと同じような交渉になりました。

しかし、今回提示した4万円には、根拠があるのです。相手に4万円と胸を張って言えるなら、サバを読んだことにはなりません。

図表4-4
正規分布の考え方で価格交渉する

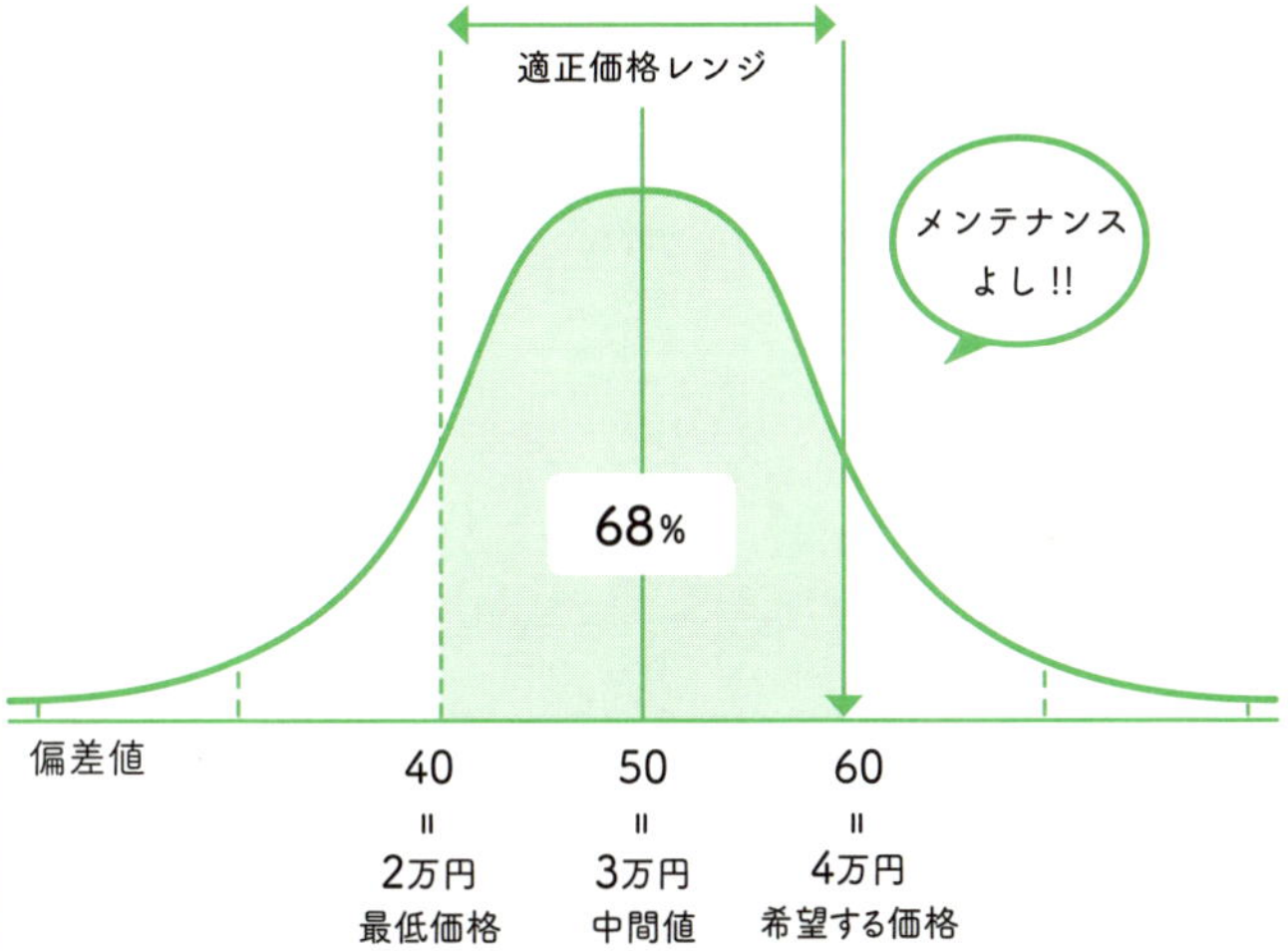

友人に売ろうとしている自転車の中古価格を調べると、中心価格は3万円前後で、2万～4万円の価格帯で取引されていた。これを正規分布でイメージする。適切なメンテナンスをしてきた自転車だからだから4万円という値付けを妥当だと判断すれば、その価格を友人に胸を張って伝えることができる。結果はアンカリングと同じことになるが、「気持ちの問題」はまったく違う。

03

商談を自分化してもらう

間の取り方がうまい人は、沈黙を恐れない

335メカニクスをちょっと復習しましょう。お客さん目線の335メカニクスは、3つのステップで構成されていました（41ページ参照）。

I：興味を持たれる確率（30％）
D：その商品・サービスを欲しくなる確率（30％）
A：条件を検討した上で購入する確率（50％）

興味を持ってもらうには、手を変え品を変え情報を出すことが必要です。情報のどれか

に反応してくれれば、次のステップに進める可能性が上がります。

情報過多になるぐらいあれこれ話をすることが大事。とにかく情報を出してチャンスを広げたいもの。「下手な鉄砲数打ちゃ当たる」は、確率的には正しい行動です。

何か質問がくれれば、興味を持ってくれている証拠です。追加情報を出しましょう。饒舌ぐらいでちょうどよいのです。それだけ話ができるというのは、それだけ情報を持っているということです。

「興味を持つ」最初の次のステップをクリアすると、次は「その商品を欲しくなる」ステップ。自分のこととして考える、感じるプロセス、それが「自分化」です。お客さんの自分化を促すためには、コミュニケーション方法を少し変えた方がよいでしょう。

こちらが説明していると、相手が急に黙ることがあります。

商談相手の沈黙は怖いものです。しかし、相手から反応を引き出そうと話をつなげて、相手の集中力を削いでしまうと、逆効果です。

お客さんは、その商品を自分化するために、熟考しているのかもしれません。その途中でこちらが余分な情報をインプットし、自分化プロセスが中断したら、せっかくのチャンスが水の泡です。

相手が急に静かになったタイミングは、50％は興味を失っているときかもしれませんが、50％は機が熟していると考えるとよいでしょう。買いたい気持ちが発酵している時間帯と考えるのです。これで、沈黙は怖くなくなります。

相手が熟考しているようだったら、言葉で間を埋めないようにする。沈黙を味方につけて、お客さんのリアクションを待つ。30秒ぐらいの沈黙を怖がらないように。

これは、最終ステップでも同じです。価格、納期など、細かな条件を詰めるのであれば、お客さんも即答はできないものです。

腕組みをして、「う～ん」と唸る時間が必要になります。

ここはいつも以上に時間を取ります。ボールを投げ返してくるまで、じっと待ち続けます。そして、受けたボールを投げ返すのです。これを繰り返し、相手が納得して買いたい気分が醸成されるまで、しつこくキャッチボールをします。

こうした技術は、人前で話をするときにも役に立ちます。

大勢の人の前で話をするとき、誰でも猛烈に緊張するものです。何よりも恐怖感を覚えるのは、話をしている最中に次の言葉が出なくなって、体中に鼓動がこだまする瞬間です。頭が真っ白になって、何を話しているかわからなくなり、脂汗まみれになりながら逃げたくなります。

そんなときこそ、開き直って、黙ってしまえばよいのです。

オーディエンスを見渡して、ふうと一息入れて、相手の反応を見ます。すると、聴いている方が不安になるものです。どうしたのだろう、感極まってしまったのか、それとも聴き手である自分たちに問題があったのか。

数十秒の沈黙の後、「さて」と切り出せば、こちらのものです。聴衆のアテンションはこちらに向いています。ごくりとつばを飲み込んで、何を話し始めるかドキドキしながら待っているのです。

人前で話すときの緊張感は、こうして逆利用するとよいでしょう。

沈黙は金なり、とはよく言ったものです。

レゴ効果

子供の頃にレゴブロックで遊んだのを覚えていますか。お城や車、動物など色々なものを作りました。宇宙船のような凝った作品も作れるようです。

1つの作品を完成させるには、時間と労力がかかります。そして、出来上がった作品は、とても輝いて見えます。誰が作ったブロック作品よりも「優れている」のです。

この無意識のワナは、レゴ効果と呼ばれます。親ならば誰でも自分の子供が一番可愛いのと一緒です。

自分の資料はよくまとまっている。自分のアイディアの方が優れている。自分の話の方がおもしろい。そう1人で思う分には問題ありません。

しかし、誰かに同意を求めると摩擦の原因になります。たとえば、あるお客さんに、何日も練った提案書をプレゼンしました。あなたが考えた素晴らしい提案です。ところが、お客さんはまったく反応してくれません。「どうして伝わらないのか!」。そう苛立つ人は、無意識のうちにレゴ効果に影響されています。

本当は平凡でメリットのないアイディアなのでしょう。気がつかないのは本人だけです。

逆にレゴ効果が商談でうまく機能すると、成約の確率は上がりそうです。

こちらの提案をお客さんが自分化する段階で、レゴ効果に期待するのです。聞き上手な人と話をしていると、いつの間にかこちらの考えが進化していく。そんな経験はありませんか?

あなたと話をすることで、お客さんの買いたい気持ちが進化して、それが確信に変わる。レゴ効果がこうして機能するのであれば、それは正しい使い方と言えるでしょう。

自分の意見は二の次です。こちらが考えついたアイディアや意見は、レゴ効果によって嵩上げされています。そんなものに拘泥しても、商談は進みません。

肝心なのは、お客さんの意思決定です。

もちろん、あざとく意見誘導するのはご法度。あくまで、相手に自分の意見を持ってもらうことが大切です。自分で考えて出した結論に、オーナーシップを持ってもらうことが目的なのです。

chapter 5

成功確率を高めるテクニック

01

商談を前進させるプラスワン情報

何気ない一言で商談が一気に進むことがあります。

プラスワンの情報でお客さんの興味が増したり、自分化の度合いが高まったりするのです。結果、Sメカニクスのコンバージョン・レートが上がることもあります。購入を決めるクロージングでは、価格や納期のひと押しが、成約を左右するのです。

Sメカニクスは、chapter1で説明したように、統計的な法則に従い一定の確率で成約に至ります。しかし、プラスワンの情報でちょっとでも確率が上がるなら、試す価値ありです。

何もしない場合のコンバージョン・レートが30％だとします。10回のうち7回は失敗する計算です。失敗するはずの7回のうち1回でも成功するなら、プラスワン情報を出さないのは損です。

難しいスキルはいりません。空き時間にできる脳みそストレッチです。いつでもスムーズにプラスワン情報を出せるよう、普段から脳の可動範囲を広げておきましょう。

@変換を駆使して「その場で計算」

カンタンにプラスワン情報を出す方法は、その場で四則計算することです。事前の準備はいりません。いつでも電卓を持って、お客さんが必要な計算をします。

仕入総額はいくら、全部売れたら粗利益はどれくらい、販売促進にかけられる費用は、最終的な損益はどうなるか。売り手であるメーカーは、どんな支援策や報奨金プランを提供できるか。売り手と買い手の損得計算は立つのか。

お客さんだって、いつでも電卓持参で商談に臨むわけではないでしょう。であれば、こちらが電算担当になります。

電卓を持たずに商談すると、このチャンスを失います。電卓がなくても、スマホの計算機能は使えます。あるいは、普段から簡単な暗算の練習をしておけば、ざっくりとしたプラスワン情報は算出できます。

拙著『「計算力」を鍛える』で紹介している、@変換という手法があります。何でも「1個当たり」の数字に変換する手法です。金額の桁が大きくて実感が湧かない国家予算などを、自分の数字として理解するのに使えます。

たとえば、日本政府年度予算のうち一般歳出が68兆円、日本国民が1・3億人だとすると、1人当たりの額は54万円になります。同じように、社会保障関係費26兆円、公共工事関係費約5兆円、防衛関係費約5兆円を@変換すると、それぞれ20万円、4万円、4万円になります。

毎月の支払い社会保険料に加えて、1人当たり年間20万円も支払っているとは驚きです。また、緊迫した東アジア情勢を鑑みて、1人当たり4万円の防衛費が妥当なのか考えさせられます。

このように、@変換によって、数字が身近になるのです。

商談で必要なのは、商売に関わる@変換です。仕入単価、値引きをした場合の原価率、キャンペーンにかけられる費用総額と商品1個当たりのコストなど、@変換できる数値は数多くあります。

@変換により、お客さんとの間で交換される情報量が増えます。お客さんが触れる累積情報量が増加するのです。コンバージョン・レートが高まる可能性が出てきます。

あるいは、@変換したある数字が、お客さんのツボにはまるかもしれません。お客さんに代わって計算するのに、余分な費用はかかりません。手間を惜しまなければ、作業はすぐにできるのです。

簡単な四則計算は他にも色々あります。

335メカニクスのような確率計算を紹介して、店頭での売り上げ改善策を一緒に考えるのもよいでしょう。お客さんが小売店なら、335メカニクスを販売店バージョンに変換して使えます。店頭での必要来店数から、各ステップのコンバージョン・レートを試算するのは同じ作業です。

増売目標金額から逆算して、プロモーション提案もできます。販促費にかけられる金額や売上目標は簡単に試算します。ちょっとしたコンサルティング営業のようなものです。

大げさなプランでなくても、何かヒントを提示できると、お客さんが喜んでくれるでしょう。次の展開に向けたアイディアが浮かぶかもしれません。

現場の情報はお客さんの方が詳しいので、ここで付加価値を出すのは難しいもの。コンサルティング営業と言うと、壮大なプランを提言するイメージがありますが、これは誤解です。その仕事のプロに、何か具体的なアイディアを提案するのは不可能です。的外れの余計な提案をすると心象を悪くします。だからこそ、別の方法を模索します。

さまざまな指標を四則計算することでも、プラスワン情報は生み出せます。在庫回転率、利益率、店舗効率（面積当たりの売上）などなど。自社の指標を把握していないお客さんと話をするのであれば、それだけで付加価値になります。

各指標に加え、他の店舗と比較したり、ライバルと比較することで、差分が見えます。こうした情報は、改善に向けたアクションにもつながります。

普段から各指標を使いこなすお客さんでも、比較する相手のデータは意外と知らないものです。同業他社の指標、同規模店舗の平均値やバラつきなど、自社のパフォーマンスを評価できる数値があると喜ばれます。

お客さんが儲かる情報をプレゼントする

成功事例はとても重宝されるプラスワン情報です。

効果的な販促で売上を倍増したケース、あるプログラムの導入によってコスト削減を実現したケース、業務効率の大幅改善に成功した企業のケースなど、成功事例にも色々あります。

お客さんが欲しいのは、儲けにつながる情報です。

先方が販売店や小売店舗であれば、何より売れる情報が欲しいもの。こうした情報でコンバージョン・レートが高まるかもしれません。販売報奨金の試算などもこの一例です。

競合他社の新製品情報も貴重なプラスワン情報になります。

お客さんは、あなたの会社の製品からライバル社の新製品へ乗り換えを検討しているかもしれません。自社製品との違いや、ユーザーのメリットなどを説明できないと、コンバージョン・レートは下がります。

「御社の製品は、A社の新製品と比べてどうなの？」と親切に訊いてくれればまだ助かりますが、お客さんが黙ったまま徐々に取引量が細っていき、いつの間にか仕入ゼロという事態は避けたいものです。

社内情報がデータベースで共有化されている企業では、成功事例を社内ネットワークで見られます。営業部のチーム内に成功事例を抱えた仲間がいるはずです。まずは、彼らに訊きましょう。手の内のすべては教えてくれないかもしれませんが、何も教えない意地悪な人もいないでしょう。とにかく、訊いたもん勝ちです。

逆の立場になったら、あなたもできるだけ情報を出すことも忘れないように。お客さんが欲しがる情報を、チーム内で普段から収集しておくと役に立ちます。

ただし、情報管理には気をつけるように。他社の情報をぺらぺら喋ると信用を失います。結果として、お客さんは自分のことを話してくれなくなります。

「どこの企業かはちょっと言えないのですが、こんな売り方をして成功しています」

といった言い方で、詳細の説明はうまくぼやかしながら、成功のエッセンスを伝えれば目的は達成できるはずです。

色々なプラスワン情報を紹介してきましたが、何よりも大事なのは自社製品の詳細情報です。

パンフレットや説明書に載っていない、本当のセールスポイントを伝える。これが意外とできていません。

製品をよく理解せず、お客さんからの質問に答えられない営業マンは多いものです。コンサルティングのプロジェクトで、クライアントにインタビューをする機会があるのですが、自社製品に詳しくない営業マンとたまに遭遇します。製品の技術面や性能面には詳しくても、導入のメリットを説明できない担当者もいます。

これでは説得力のある商談はできません。ライバル社の製品と比較をするためにも、自社製品をよく知っておくことは不可欠です。

お客さんが小売業であれば、店頭でどちらが売れるのか。二者択一なのか、それとも併売できる商品なのか。圧倒的な商品力がない場合は、何かしらの「現実的な提案」を考えないと、失注するリスクもあります。

MRなどでは、しっかり製品説明できて当たり前です。ドクターに対して、医薬品の効能や患者の負担などをきちんと説明できないと、自社医薬品は採用されません。

扱う医薬品は多岐にわたり、コール（訪問）件数が必要なSメカニクスだから、空き時間を見つけて商品知識を頭に詰め込みます。社内の医薬品開発部など商品担当とパイプを

持って、直接情報をインプットできるチャネルを確保するＭＲもいます。

会計情報で相手と距離を縮める

取引先の決算書を頂戴することもあります。ノーコメントでは格好がつきません。突然、会計のプロフェッショナルになって財務体質の改善提案をすることは求められませんが、決算書を黙って鞄の中に入れるのではなく、何か言って会話をつなぎたいものです。

決算書の各数値から、褒めるところを見つける。これなら比較的簡単にできます。

粗利率が高いとか、在庫の水準が低いとか、現金残高が潤沢で経営が安定しているとか、効率的な広告宣伝費の使い方をしているとか。

会計的な優劣の基準がわからない場合は、前期と今期の比較で褒める箇所を発見します。これならいくらでも材料は見つかります。

現金残高が増えた、借入金が減った、粗利率が改善したなどです。売上や営業利益などの、わかりやすい勘定科目以外の数値でも、気の利いたコメントはできます。

逆もまたしかりです。業績が悪化したタイミングでは、どこか褒める箇所を探しながら、改善に向けた一言を言えるようにしたいものです。

勘定科目をすべて覚えるのは大変ですが、少なくとも粗利益の考え方は知っておくべし。粗利益とは、売上から原価を引いた額です。そこから、販売にかかった諸費用などを引くと、最終的な損益になります。

お客さんが小売業なら、少しでも多く粗利益額を稼ぎたいものです。販売ロットは少なくても粗利率や粗利額が高い製品を提案すると、お客さんの儲かる商売につながります。単価や粗利率が低くても大量販売が見込めれば、大きな粗利益額を手にできます。そんな試算をお客さんと一緒にするだけで、関係は深まるものです。

どうにも会計が苦手な方には、『さおだけ屋はなぜ潰れないのか?』(光文社新書)で有名な山田真哉さんの著作がおススメです(私の友人でもあります)。色んな判型の本を出版されていますが、小難しい会計の世界を、軽やかに、分わりやすく解説してくれます。どれも読みやすく、肝心なことが頭に残る本です。

02

PAC思考を商談に活かす

商談中、何か理由があって、お客さんが購入を躊躇することがあります。プラスワン情報では不十分で、話し合いをしないと越えられない局面です。

こんなときにNGなのは、お客さんを説得しようと議論を吹っ掛けること。お互い感情的にエスカレートすると、ろくな結果になりません。

必要なのは、相手の意見に影響を与えること。買いたい理由を見つけて、納得してもらうこと。そのヒントになるのがPAC思考です。

「事実」「主張」「仮定条件」に分解する

PAC思考は議論の基本手法です。シンプルで強力な思考ツールです。

米国MBA経験者は、出願する際にGMATという試験を受けます。その科目の1つ、クリティカル・リーズニングでPAC思考が試されます。ここで高得点を取らないと必要な点数が稼げないため、留学を目指す生徒は必死で勉強します。米国MBAホルダーが、ロジカルに議論する技術を自然と身につけるのには、こんな背景があります。

簡単な例題で考えてみましょう。こんな意見があるとします。

「最近の若者はやる気がないから正社員になれない」

これをPACに分解します。

PはPremise（前提）の略。ある事実のことです。ここでは、「最近の若者はやる気がない」という部分が、事実として語られています。

CはConclusion（結論）、つまりは主張のことです。ある事実をもとに導かれた主張がCに当たります。この事例では、「若者は正社員になれない」という結論を出しています。

このPとCをつなげるのがAです。AはAssumption、仮定条件の略です。ある事実（P）が、ある主張（C）になるためには、何かしらの仮定や理由が必要です。Aがないと、PとCがくっつかない。接着剤のような役割です。

この場合、A（仮定条件）に当たるのは何でしょうか？　本意見では、「若者が正社員になれない」という結論を、「若者はやる気がない」という事実から導いています。

2つを結びつけるのは「（やる気がないということの）他に（正社員になれない）理由がない」という仮定条件です。

あるいは、「（やる気のないことが）唯一の理由で（正社員になれない）」という仮定条件になります。

整理すると、次のような枠組みです（図表5－1）。

P：若者はやる気がない
A：Pの他に理由がない／Pが唯一の理由である
C：正社員になれない

PAC分解してみると、この主張がいかに歪んでいるかわかります。

パッと聞くともっともらしく聞こえますが、実際は滅茶苦茶な暴言を吐いているだけ。

図表5-1

PAC思考

「最近の若者はやる気がないから正社員になれない」
という意見をPACに分解

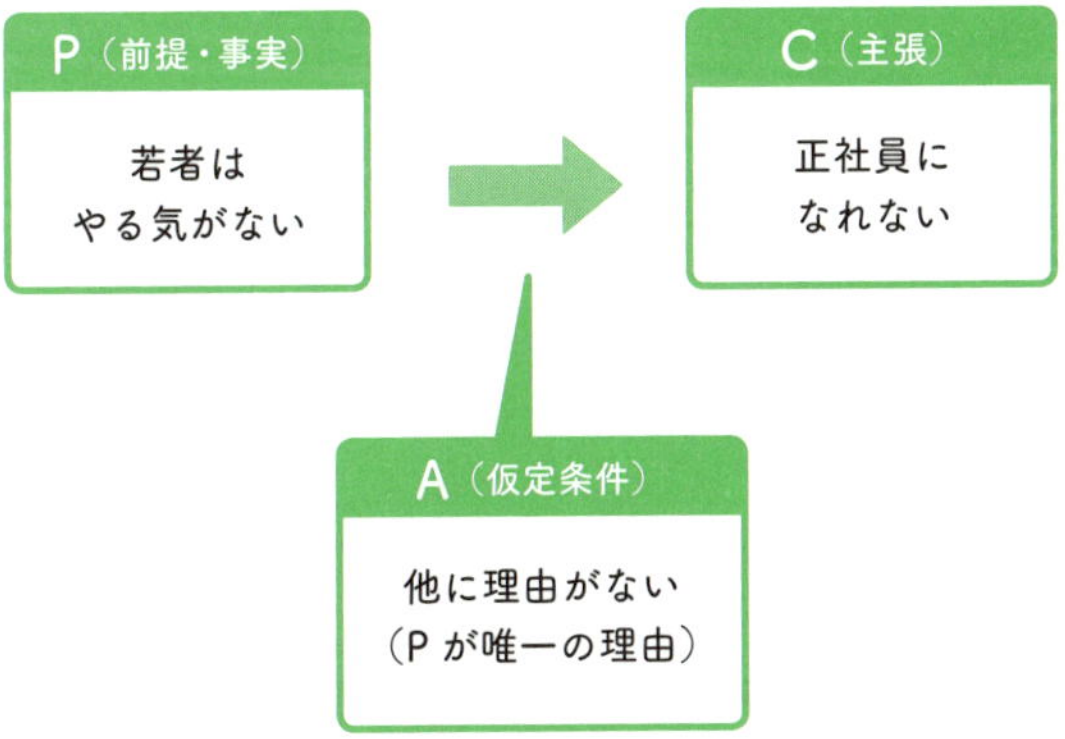

PはPremise（前提）。ある事実のこと。CはConclusion（結論）。つまり主張のこと。ある事実Pをもとに導かれた主張がCに当たる。PとCをつなげるのが、AのAssumption（仮定条件）。ある事実（P）が、ある主張（C）になるためには、何かしらの仮定や理由が必要。Aがないと、PとCがくっつかない。接着剤のような役割です。

こうした意見に惑わされたくないものです。

この意見に反論する方法を考えてみましょう。

ＰＡＣで反論する方法は、Ａ（仮定条件）をアタックすることです。

ここでは「Ａ：Ｐの他に理由がない／Ｐが唯一の理由である」が成立しない事実を考えてみます。

たとえば、「業績が悪く、正社員を採用できない企業が多い」という事実があれば、Ａ（＝他に理由がない）をアタックできます。若者のやる気のなさが理由ではなく、経済を取り巻く環境が理由になっているということです。

次に、Ｐ（前提・事実）もアタックしてみましょう。ここでのＰ「若者はやる気がない」は、本当にＰになるのでしょうか？　この意見を主張する人の、勝手な思い込みかもしれません。たとえば、若者向けの意識調査の結果、以前よりもやる気が減退している、といった事実があればＰになりますが、疑わしいものです。

この主張をＰＡＣ分解してみると、個人的な印象で暴論を吐いているのがわかります。

ＰＡＣの枠組みで、相手の主張に反論する方法は明確です。相手のＰＡＣを破壊する材料を集めれば、議論には勝てるのです。ぐうの音が出なくなるぐらい、相手の主張を打ち負かすことだってできます。

しかし、議論に勝つことは商談のゴールではありません。そもそも、購入する決定権はお客さんが持っていますから、議論で勝っても商売では負けるのです。お客さんは対等に議論する相手ではない。これを忘れないように。

ＰＡＣを使うのは、相手の意見に影響を与えることが目的です。

何か理由があって偏見を持っているお客さんの心を変化させること。こちらの意見に耳を傾けてもらう。説明を聞き、納得して買ってもらうことがゴールです。

「おたくは値段が高い」と言われたら？

例題を使って、商談のケースを考えてみましょう。

あるお客さんに新商品を提案していますが、なかなか返事をもらえません。何度か先方を訪問し、簡単な説明はしています。興味も持っているようです。しかし、どうにも煮え切らない態度で、商談が進まない状況が続いています。

先方の担当者は温和な方で、ダイレクトに不満を言わないタイプ。だからこそ、態度を保留している理由がわからずにいます。

世間話を交えて新商品説明をするうちに、どうも「おたくの製品は割高だ……」という印象を持っているとわかりました。この意見をＰＡＣ分解し、商談を進めるにはどうしたらよいでしょう？

お客さんが持っている印象をＰＡＣに置き換えると、次のようになります。

Ｐ：？？？

Ａ：？？？

Ｃ：御社の製品は割高だ

まだＰＡＣが成立していません。これまでの経緯や過去の取引から、ＰとＡを推測することが必要です。

心当たりのある以前の商談を思い返し、当時の話を振り返りながら、少しずつお客さんの心のうちを明らかにしていきます。すると……。

何年か前に提案した新商品は初期トラブルが多く、高い買い物をしたと思っているのがわかりました。また、その新製品を購入した後で、競合他社から高性能な廉価版が発売され、ネガティブな心証が強まったようです。加えて、当時の営業マンが誠意を持って対応しなかったという、バツの悪い話が加わっていました。

これをPACで再構築すると、次のようになります。

P：過去の新商品は、他社製品と比べて割高だった
A：今回も同様に違いない
C：よって、御社の製品は割高だ

ようやくお客さんの気持ちが見えてきました。なるほど、もっともな話です。

その後、取引を通じて印象が改善されたようですが、企業の総合力が試される新製品発売のタイミングでは、過去の悪いイメージが甦るようです。だから、態度が煮え切らない

のです。

お客さんの印象を変えるにはどうすればよいでしょうか？

相手のCを変化させるＡ（仮定条件）やＰ（前提・事実）を提示して、これまでとは違った意見を持ってもらう。これが模範解答になります。

Ａ（仮定条件）の「今回も同様に違いない」を変化させるには、事実が必要です。以前の失敗から反省し、商品開発部の体制や社内基準が厳しくなった話。以降の新製品では初期トラブルが激減した話などをするとよいでしょう。データや資料で補足した、説得力のあるプレゼンが求められます。

競合他社の製品と比較して、割安であると示すのも効果がありそうです。

機能は最高レベル、価格は平均的。この後市場に投入される競合他社の新製品よりも、さらに先を行っていることを説明するのです。

Ｐ（前提）の「過去の新商品は、他社製品と比べて割高だった」が、事実と異なることを示すことも重要です。

ライバル社の新製品が発売されたタイミングで、値下げして対応したことや、当時の担当者がそう伝えなかったことをお詫びすると、印象が変わるかもしれません。そのときに価格対応しなかった分を、今回の取引で反映させることができれば、過去の失敗を取り戻せる可能性もあります。

ＰＡＣ分解で相手の考えをクリアにできれば、こうした対応策が打てるものです。何も考えずに相手の態度に苛立つだけでは、商談は前に進みません。

議論に勝つことがゴールではない

ＰＡＣ思考を体得すると、議論の勝ち方・負け方がわかります。議論に勝つことは、テクニカルなこと。正義や真理を追究する手法とは、根本的に違います。

自分の主張を変えない。ＰＡＣを成立させるＰ（前提）だけを集める。Ａ（仮定）を譲らない。ＰやＡを攻撃する相手の材料は、一切認めない。想定される反論に対して、再反論できる膨大な材料を用意しておく。こちらの主張に合致した事実やデータをできる限り収集しておく。

こうしたテクニックで議論をリードできれば、ディベートの勝者として小さな自尊心は満たされるかもしれません。

逆に、そもそも議論に参加しない臆病者もいます。

十分な反論を跳ね返す材料が集められない場合、「議論の余地なし」という言葉で逃げるだけ。堂々と、全く動じることなく演じることができれば、議論で戦わずして、勝ったふりをできます。

正論であれば許されますが、暴論に近い自説を展開し、「議論に負けない」ことを誇示する人は醜いものです。

突飛なコメントを求められるタレントさんなら仕方ないでしょう。演出上、対立構造を作るとディスカッションは盛り上がります。私もテレビの司会をしていたときは、出演陣の特徴を踏まえて、トークのキャッチボールが進むよう、話題を持っていったものです（もちろん、過剰演出は控えましたが……）。タレントさんに求められるのは、ここで議論を盛り上げる役割なのです。

しかし、ビジネスマンは、アクの強いタレントさんではありません。

私たちの仕事は商売をすることです。三方よしの精神で、商いを成立させてお給料をもらっているとと忘れないように。

議論をして勝っても、嫌な気分を残すだけです。プロスペクト曲線の崖効果もあり、ネガティブな印象は長く心の中に滞留します。それが、将来の商いにプラスになるかは疑問です。

金持ち喧嘩せずとは、よく言ったものです。

不確実な世界だから何かを信じる

不確実な世界で何を信じるのは大変です。だから不安も感じるし、信じられる何かを求めたくなります。ＰＡＣのようなロジカル思考ツールは、ある事実から信じられる仮説を作るときに使います。

ＰＡＣで導かれる結論はあくまで仮説です。どこまで真実なのかはわかりません。それがわかった上で使うのです。

一方で、膨大なデータ分析によって明らかになるのが統計的な傾向です。たとえばタバコの健康被害について統計的な数値が出ていますが、ＰＡＣを使うと明確な因果関係が

「ある」とも「ない」とも言えます。どのポジションから主張するのかで、ＰＡＣ思考の使い方は変わります。目の前に存在しているのは、膨大なデータと統計的な傾向だけなのに、です。

本書が、「こうすれば実績が出る」と説明をしないのは、これが理由です。

巷にあふれる営業の成功法則は、あくまで仮説。過去に誰かが成功した、という事実があるだけで、すべてに効く処方箋はありません。データのサンプル数がわずか何点かで構成された正規分布のようなものです。統計的に一般化した話ではないのです。

そしてまた、統計的に分析したデータから、普遍化できる成功法則が抽出できるとも思えません。

過去のプロジェクトで、売上の要因分析、マーケティング活動のプロセス分析、営業マンのパフォーマンス分析などを統計的に行いましたが、結局は「確率の世界だ」という結論に落ち着くことが多かった記憶があります。各確率を変動させる打ち手は見つかっても、すべてに効く即効薬はないのです。

だからこそ、統計的な傾向や確率論を意識して仕事をする姿勢が大事だと信じています。物理の法則のように、普遍的な成功法則を見つけるのは不可能です。ビジネスの世界では、100%正しく、ロジカルに完璧な理論は存在しません。

行動を起こす原動力になる「信じられる仮説」が見つかればそれで十分です。ロジカル思考を極めることより、結果を出すために頭を使うことの方がはるかに重要なのです。

03

この商談は継続か、撤退か？

この案件、そろそろ撤退か、あるいは継続か。どの辺まで粘るべきか、それとも潔くあきらめるべきか。

ビジネスでこうした悩みはつきものです。成約率が確率の世界に影響されるSメカニクスでは、撤退の判断を間違うと次の商談にかける時間を失います。

ここでは人間の判断に影響を与えるサンクコスト（Sunk Cost）の理論を紹介しましょう。

管理会計や意思決定論でよく登場するサンクコストの考え方を使うと、次のアクションにつながる判断ができます。拙著『サンクコスト時間術』（ＰＨＰビジネス新書）から基本的な考え方と応用方法を紹介します。

サンクコスト理論

バス停でバスを待つシーンを想像してみましょう。

本来なら、とっくに到着しているはずのバスが、大幅に遅れています。あなたはもう20分もバス停で待ち続けています。

このまま待つべきか、それとも別の方法を考えるべきか。

定刻に来ないバスに腹を立てたあなたは、きっとこんなことを考えるでしょう。

「せっかく20分も待ったのに、ここで諦めたらもったいない……」

バス待ちで無駄にした20分間を何とかしたい。もしもここで歩き出して、しかもすぐ後でバスが来たら、悔しくてたまらなくなる。だから、意地でもバスが来るまで待ってやろう。約束の時間に多少遅刻しても、それはバスが悪いのだ。

人はこうした判断をしがちです。

しかし、冷静になって考えてみると、この判断は目的を見失っています。本来考えるべきは、どうやって約束の時間までに目的地へ到着するか、です。すぐに歩き出せば、まだ間に合うのか。タクシーを拾うのなら、あと何分間バスを待てるのか。こうしたことを考えて、行動する準備をすべきです。

バスを待って無駄にした20分間は、次の行動を考えるのに何も関係ありません。すでに失われた過去。考えても仕方ないこと。まるで、深海に沈んでしまった（sunk）もの。これがサンクコスト（sunk cost）です。どんなに腹を立てても、時間を無駄にしたことを悔やんでも、失った20分間は戻ってこないのです。

であれば、頭の中から消し去ることが先決。冷静な判断を阻止するサンクコストはさっさと除外し、すっきりとした頭で意思決定するのです。

サンクコスト理論では、判断を歪ませるサンクコストが何かを明らかにして、それを外した枠組みで意思決定をします。慣れてくると、シンプルにかつ冷静な判断ができるようになります。

売れ残ったスマホの在庫はどうする？

もう1つ、スマートフォンの事例でサンクコスト理論を解説しましょう。

あるメーカーが社運をかけて最新型スマートフォンを発売しました。どのライバル企業よりも高性能かつ低価格で、発売と同時に店頭で品薄になるほどの大ヒット商品になりました。

爆発的な売れ行きに対応するため、メーカーは大増産体制を敷きます。そして、目先数カ月は品切れにならないぐらいの、大量の在庫を確保しました。これで売り逃しの心配もなく業績は安泰、と思った矢先に事件は起こります。

ノーマークだった外資系A社が、画期的な新型を市場に投入してきたのです。

常識的に考えられないほどの高機能で、価格は既存スマホの半額以下。誰も驚くような、破壊的なすごさを持った新製品です。

店頭での力関係は一夜にして激変します。これまで一番人気商品だったこのメーカーのスマートフォンは、ぱたりと売れなくなりました。倉庫には、膨大な数の在庫の山……。

このメーカーは、どうしたらよいのでしょう？

問題を解くには、まずは何がサンクコストか明らかにします。サンクコスト化したのは、このメーカーのスマートフォンです。倉庫で山積みになっている在庫は、すべてサンクコスト。もはや今までの価格で販売するのは不可能です。製造コストを回収できる価格で売れるのかどうかも怪しいのです。

だとしたら、このスマートフォンを売って儲けるというシナリオは、あきらめるしかありません。「新型スマートフォンで儲ける」シナリオは、サンクコスト化したのです。

今考えるのは、いかにして損失を最小限に食い止めるか、です。

ライバル社に見劣りする自社のスマートフォンは、いくらまでディスカウントしたら買ってもらえるのか。その場合、在庫の何割ぐらい出荷できるのか。残った在庫は、いつ廃棄処分にすべきか。こうした一連のアクションができるよう、各判断をしていきます。

売れなくなった新製品をもったいないと思っても、外資系A社を恨んでも、事は前に進みません。取り戻せない過去はさっさとサンクコストとして処理し、次のステップに踏み出すことが大切なのです。

商談でのサンクコスト

商談の現場にも、サンクコストは隠れています。

お客さんが興味ありと思って何度も足を運んだものの、そこから先に進まない。手を変え品を変え説明しても、こちらの提案を自分化して咀嚼する気配がない。こうした話は日常茶飯事です。

追加商談して粘るか、次の案件に行くか。これ以上粘っても可能性がないなら別のお客さんに時間を使いたいと思いながらも、ここまで使った時間ももったいない。サンクコストを知らないと、こう考えてしまいます。

商談に投下してきた時間と労力は、すでにサンクコスト化している。そう考えて行動すれば、止まってしまった案件に引きずられることなく、次のチャンスに進めます。

肝心なのは、目の前にいるお客さんのコンバージョン・レートが高いかどうかです。

確率が高いなら商談を続けるべきだし、別のお客さんの成約確率の方が高いなら、すぐに路線変更すべきです。

失敗した商談は戻ってきません。商談は、失敗する確率の方が高いコンバージョン・レートに支配されています。途中で可能性が消えるのは、確率論的なSメカニクスにはつきものです。

うまくいかなかった商談は、「なかったこと」としてあきらめる。「これはサンクコストだからしょうがない」と自分を言い聞かせる。それで吹っ切る。

バス停で延々と来ないバスを待ち続け、約束の時間に遅刻するようなマネはしたくないものです。時間は有限なのですから、有効に使いましょう。

断られてもストレスがたまらない

Sメカニクスでサンクコストをうまく使う方法を紹介して、本章の結びとしましょう。

モノを売る仕事をしていてストレスがたまるのは、「断られる」ことです。

商談が暗礁に乗り上げるなんてまだ気分的に楽です。335メカニクスで外回りをしていると、訪問しても、提案しても、7割は断られます。10回のうち7回断られて、平然としていられる人は、よほど心が強い人です。

普通の人であれば、断られると気分が萎えます。仕事だと割り切っていても、力が抜けます。悪態をついて、奇声を上げ、暴れたくなっても不思議ではありません。

そんなときこそ、サンクコスト理論を応用します。

断られたこと、適当にあしらわれて門前払いされてことは、なかったこととして忘れてしまう。深海の底に、沈めてしまう。二度と浮上してこないように。嫌な記憶を何度も思い出さなくてよいように。

次の商談では、また違った風が吹くかもしれません。ビジネスは確率に支配される世界ですから、何度か嫌な思いをして、その都度サンクコストとして処理しているうちに、きっといいことが起こります。

コンバージョン・レートはゼロではないのです。トライする回数に応じて結果が得られます。成約する案件に出会うまで、淡々と商談を続けていくのです。

それがSメカニクスの残酷なところでもあり、素敵なところでもあるのですから。

04

リソース・アービトラージ

転職を経験するビジネスマンは少なくありません。新しい職場で、外様は肩身が狭いこともあるでしょう。

これをハンデと思わず、チャンスと考える方法を紹介します。すべてのビジネスマンに当てはまる話ではないものの、自分が経験してきたことが、新しい会社で強みに変化することもあるのです。出身業界、出身企業の経験を最大限活用する、リソース・アービトラージ（資産の裁定取引）という考え方です。

キーリソース（カギとなる資産）

ポーターやドラッカーの戦略論は一般的ですが、RBV（リソース・ベースド・ビュー）と聞いてピンとくる人は少ないでしょう。しかし、このRBVという戦略論はとてもシンプルな枠組みで、シカゴ大学で勉強したときに一番わかりやすい考え方でした。

今持っている強みから戦略を作る。その強みをキーリソース（カギとなる資産）と定義しています。

サッカーを例に考えるとわかりやすくなります。

選手には色々なタイプがいますが、活躍する選手はライバルにない強みを持っています。足の速さ、俊敏性、キックの正確性などです。こうした強みが他の選手と比較して、圧倒的に優れているなら、それはキーリソースになるのです。そして、そのキーリソースを武器に、違いを生み出し、相手にとって危険なプレイができる唯一無二の選手になれます。

大好きな香川真司選手は、狭いスペースでパスを受け、瞬時に前を向ける能力が飛びぬけています。香川選手がゴール前にするすると上がってくると、何かが起こる予感がするものです。彼が入るだけで、まったく違うサッカーになります。欧州の各リーグで活躍する選手でも、前を向いてパスを受ける能力で肩を並べる選手はいないと実感します。

香川選手のキーリソースを活かせるのは、トップ下のポジションです。また、香川選手を活かすチームの布陣もあるでしょう。こうした組み合わせが戦略になります。

キーリソースを基盤（ベース）にして、戦略を構築する典型例です。

他業界で修羅場を経験した人は強い

これを営業職の話に置き換えると、自分の立ち位置や、チーム内での求められる役割が明確になります。

他の営業マンができなくて自分が得意なこと。他の営業マンが知らなくて、自分が持っている知識やノウハウ。これらがキーリソースになります。

それを活かして、どう実績を上げるか、どうチームに貢献すべきかは、自然と見えてきます。戦略論とは、本来こうしたシンプルでわかりやすいものなのです。

他業界から転身した営業マンが、必ずしも不利にならないのはこれが理由です。

前職で身についた「かゆいところに手が届く営業スタイル」が、転職した先の企業で旋風を巻き起こす可能性だってあります。

殿様商売だった企業が、急に親会社から切り離されて、自分で営業することになるケースもあるでしょう。それまで555メカニクス的な法人ルートセールスが中心だった企業が新規開拓をするのです。

こうしたケースでは、前職で335メカニクス経験がある営業マンのスキルと経験が役に立ちます。新規先に飛び込む勇気と、逆算して多くの訪問件数を稼げる力は、おなじみさんに顔を出す営業に慣れきった人が、すぐに真似できるものではないのです。


その業界、その企業の重鎮みたいに偉そうなベテランも、経営環境が変わるとまったく対応できないことがあります。そんなとき、経験豊富な外人部隊は頼もしいものです。他業界で修羅場を経験してきた精鋭は、いざというときに存在価値を示します。

私がコンサルティングの仕事を請け負う企業再生では、破綻企業で実務経験を積んだ人がいると仕事が進みます。一度倒れた企業を再生する仕事では猛烈なストレスを感じることが多いのです。当たり前にできていたことが、できなくなるのですから。

取引先との掛け販売ができなくなり、銀行からお金も借りられないこともあります。業界内外から罵詈雑言を浴びせられ、まるで犯罪人扱いをされます。ネットなどの匿名メディアでは、見ているだけで気分が萎えるような事実無根の書き込みがあふれます。

これが初めての経験だと、相当に面食らうものです。精神的に動揺して、思考停止や行動停止になり、通常の業務すらできなくなります。純粋培養は、有事に弱いものです。

　そんなときこそ、破綻実務の経験者の出番です。彼らには、どんなに苛烈な状況に直面しても、平然と仕事をこなしてくれる強さがあります。手のひらを返す取引先がいても、裏で陰口をたたく卑劣な業界関係者がいても動じない。過去に破綻企業で経験した地獄の体験がキーリソースとなっているのです。

　破綻処理や企業再生で実績がある弁護士さんや会計士さんは、肝が据わっていて安定感があります。人間の嫌な面を目の当たりにする修羅場を経験することで、こうした落ち着きを身につけるのでしょう。

アービトラージ（裁定取引）

　アービトラージ（裁定取引）とは不均衡を利用して取引をすることです。難しく考えなくても、古来より商売はすべてアービトラージです。物々交換の市場で穀物を家畜の肉と交換するのも、貨幣を使って取引するのも、お互いの間にある所有物の不均衡から生じます。

黎明期のネットビジネスは、アービトラージのアイディアであふれかえっていました。リアルで成功しているビジネスモデルをネットに置換する。ネットとリアルとの不均衡を利用して、新しいビジネスを進めたのです。

オンライン書店、ネット通販、ネット保険など、基本のアイディアはすでにリアルの世界で存在していました。その販売スキームをオンライン化し、購買の即時性や取引コストの削減といった新たな付加価値を乗せてビジネス展開する。すべてゼロからアイディアをひねり出したわけではないのです。

他業界から転身したビジネスマンが活躍できるのは、Sメカニクスの経験差からアービトラージができるのに加え、他業界で得た知識が活かせるからです。

食品業界での販売経験は、金融業界での新しい接客スタイル作りにヒントを与えてくれるかもしれません。他業界での成功事例から示唆を得られるように、他業界での成功体験は、これまでのスタイルに刺激を与えます。

過去の経験は、意外と役立つものです。遠回りしたつもりが、実はそこで大切なスキルが身についていた、なんてこともあります。ある企業で成功しなくても落ち込むことはありません。失敗経験という、貴重なリソースを得たと考えればよいのです。

会社が変わればカルチャーも変わります。社長の性格は会社経営に色濃く反映されるものです（自分で会社を経営していると、しみじみそう思います）。突き詰めると、その企業で活躍できるかどうかは、相性だったりします。

同僚が知らない、あなたが過去に経験したこと。あなたにとっても当たり前は、仲間にとって新鮮な情報かもしれません。

アービトラージという概念を錦の御旗に、自信を持って仕事をしましょう。

chapter 6

どの業界で働くべきか？
産業統計の読み方

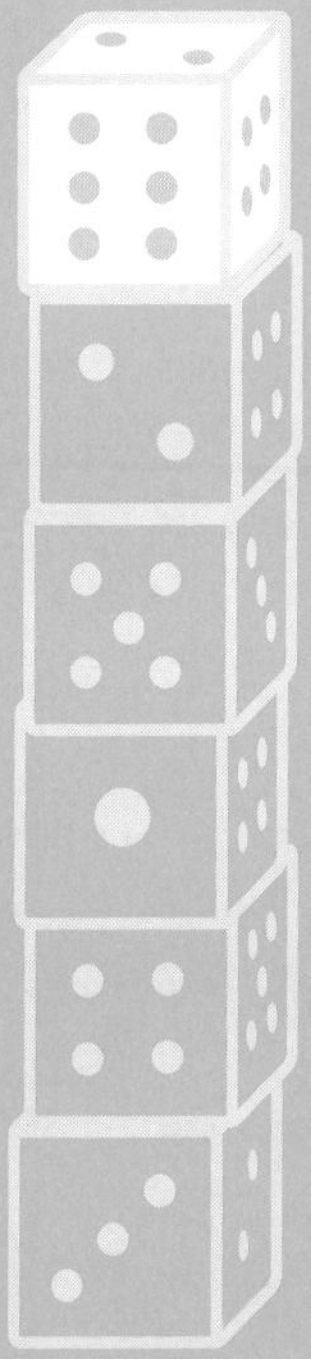

ビジネスマンは、どの業界で働くのがよいのか？　答えは1つではありません。本書の締めとして、公表されているデータから、色々な考察をします。マクロの数字から各業界の傾向をつかみ、ある業界で働くことが、どんな意味が持つのか考えます。

ざっくりとした考察なので、個別の業界業種にピタリと当てはまる話はできませんが、考えるヒントが得られます。公表データをもとにして、自分の頭で考えるよい練習にもなります。

安定性、求人者数で選ぶなら

まずは、売上規模と成長率で業界を分類します。図表6－1は、経済産業省が公表しているデータ「企業活動基本調査」を、当社（シカゴコンサルティング）で簡単に料理した

図表6-1

業種別の売上と４年間平均成長率

	2011年度 売上高 （兆円）	過去４年間の 平均成長率
製造業	275.0	-4.8%
卸売業	205.8	-3.0%
小売業	80.6	1.8%
情報通信業	22.8	-1.1%
電気・ガス業	21.7	1.1%
学術研究、専門・技術サービス業	9.9	4.8%
サービス業	9.6	-0.3%
物品賃貸業	7.7	-3.7%
飲食サービス業	4.9	1.4%
生活関連サービス業、娯楽業	3.0	4.4%
クレジットカード業、割賦金融業	2.3	0.5%
鉱業、採石業、砂利採取業	1.1	10.6%
個人教授所	0.1	-13.5%
合計	644.5	-2.9%

経済産業省「企業活動基本調査」より。日本で売上が大きい上位５業種をピックアップすると、製造業が275兆円、卸売業が205兆円、小売業が80兆円、情報通信が23兆円、電気ガスが22兆円。全業界合計644兆円のうち、製造業が４割強、卸売業と小売業は合わせて4割強を占めていることがわかる。

ものです。

売上高の上位5業種をピックアップすると、製造業が275兆円、卸売業が205兆円、小売業が80兆円、情報通信が23兆円、電気・ガスが22兆円です。

全業種合計644兆円のうち、製造業が4割ちょっと、卸売業と小売業を合わせて、同様に4割強を占めています。製造・卸・小売の3業界で8割強になります。

8割という数字から、日本経済の姿をイメージできます。

作って、売って、買って、経済は回っているのです。この流れを、情報産業や電気ガスといった社会インフラ業界が支えています。

しかし、過去4年間の年平均成長率は、製造業がマイナス5%、卸売業がマイナス3%、情報通信はマイナス2%と、元気がありません。2007年度は製造・卸・小売の3役で642兆円の売上規模でしたが、2011年度は561兆円まで落ち込んでいます。4年間で13%も縮小しているのです。

同じ業種でも個別の事業展開によって事情は異なります。自分が属する業種、これから働こうと考えている企業の経営環境を、細かく注視する必要があります。

情報通信産業を例に見てみましょう。売上規模が23兆円で、詳細は、ソフトウェアが12兆円、情報処理・提供サービスが6兆円、新聞、出版、インターネット付随サービスは、それぞれ2兆円にも満たない規模です。

情報処理・提供サービスが年率8％と高い成長率なのに対し、ソフトウェア、新聞、出版は年率マイナス3～マイナス5％と、猛烈な勢いで市場規模が縮んでいます。同じ業界内でも置かれた状況は異なるのです。

275兆円の規模がある製造業は、多岐にわたります。新たな需要発生によって伸びている業種もあれば、衰退し続けている業種もあります。世の中の変化に応じて、求められる製品が変わるので当然の流れです。入社してから年金が支給されるまで、一度も浮き沈みを経験しないビジネスマンは少ないでしょう。

次に、総務省のデータ「労働力調査」をざっと分析します。雇用者数上位の5業界と、過去10年の雇用者数増減を示したのが図表6－2です。

最も雇用者数が多いのは製造業の982万人。ほぼ同規模の941万人の雇用を卸売業・小売業で生み出しています。医療・福祉が675万人を雇用し、4番手がサービス業

図表6-2

業種別の雇用者数と10年間の増減率

	雇用者数 2012年11月 （万人）	過去10年間 の増減率
製造業	982	88%
卸売業、小売業	941	100%
医療、福祉	675	153%
サービス業（他に分類されないもの）	428	130%
建設業	425	84%
運輸業、郵便業	327	106%
宿泊業、飲食サービス業	321	107%
教育、学習支援業	270	109%
公務	220	101%
生活関連サービス業、娯楽業	182	102%
情報通信業	173	112%
学術研究、専門・技術サービス業	171	112%
金融業、保険業	162	101%
不動産業、物品賃貸業	93	107%

総務省「労働力調査」より。雇用者数が多い業種で働いていれば、ある企業で仕事がうまくいかなくても、同業界の別の企業でチャンスを見つけやすいという仮説も成り立つ。

の428万人、次いで建設業の425万人です。

医療・福祉が雇用者数で上位3番手、しかも675万人という大型雇用産業なのは驚きです。日本が医療・福祉大国という証拠でしょう。しかも、過去10年間での雇用は53％増えています。同期間に、製造業の雇用は12％減少、建設業は16％減少しているのと対照的です。

売上規模が巨大な業界、あるいは雇用数が多い業界で働くことは、どんな意味を持つのでしょうか？

営業やマーケティングなど販売に関わる職種であれば、ある企業で仕事がうまくいかなくても、同業界の別の企業でチャンスを見つけられます。個別の業種には栄枯盛衰がありますが、たとえば製造業自体がなくなることは考えられません。こうした業界で働いていると、「つぶしが利く」のです。

業界内でのSメカニクスはほぼ一緒です。扱う製品や販売方法に違いはあっても、ステップを踏んで商談する手法は同じ。一度どこかの製造業で経験を積んでおけば、不測の事態でもリスクヘッジができます。

大型雇用の業界であっても、技術者や研究者は少々違う話になります。自分の専門性を活かせる領域は意外と狭く、転職自由度が高いとは限らないのです。一方で、ピタリとはまる求人案件があれば、収入大幅アップでの転職も可能です。

経験を積まないと、次のチャンスはつかめません。新卒での就職を目指す学生さんは、まずは大型雇用業界で職を得ることをおススメします。夢は、その後で追えばよいのです。長い人生のどこかで必ず新しいチャンスがやってきます。

業界の強み

付加価値の大きさを指標として業界の強さを計ってみましょう。

経済産業省「企業活動基本調査」を使って粗利益率（付加価値率）の高い順に各業界を並べ替えたのが図表6－3です。

鉱業、採石業、砂利採取業の付加価値率が49％、飲食サービス業が46％、生活関連サービス、娯楽業が44％、個人教授所が39％、情報通信業が38％と、付加価値率が40％前後に達する業界が5つもあります。

図表6-3

業種別の売上と粗利

	売上高（百万円）	2011年度粗利益率（付加価値率）	粗利益4年平均成長率
鉱業、採石業、砂利採取業	1,128,628	48.9%	4.0%
飲食サービス業	4,909,721	46.0%	4.0%
生活関連サービス業、娯楽業	2,961,959	43.6%	5.5%
個人教授所	96,406	39.1%	-18.1%
情報通信業	22,804,174	38.1%	1.0%
クレジットカード業、割賦金融業	2,337,136	28.2%	2.5%
物品賃貸業	7,740,015	24.5%	-21.0%
学術研究、専門・技術サービス業	9,940,684	24.0%	13.6%
電気・ガス業	21,745,972	23.6%	-7.0%
製造業	274,977,222	20.3%	-4.6%
小売業	80,635,400	18.8%	3.4%
卸売業	205,773,722	6.6%	-2.2%
合計	663,270,554	17.8%	-2.5%

経済産業省「企業活動基本調査」より。粗利益率が高い業種は「付加価値が大きくて、強い業種である」という仮説のもとにデータを読むと、装置産業系と人材スキル系が有力候補として挙がってくる。

付加価値率、つまり粗利率40％とは、ちょっと吃驚する数字です。売上の40％が粗利益なのです。原価は60％。原価に対して、67％の付加価値を乗せているのです。

リソース・ベースド・ビュー（２００ページ参照）の視点からは、販売している商品やサービスに力がある、あるいは貴重性のあるキーリソースが機能し、高い付加価値を創出していると言えます。

上位5業界は、貴重性の高い装置産業系と、高い人材スキル系の2つに分類できそうです。どちらも、自社の強みを武器に戦略を構築できるので、リソースの優位性を保ち、高い利益率の商売ができています。

しかし、この優位性を未来永劫に維持できるわけではありません。ライバルが追いつきやすいスキルに依存した業界は、凋落も早いもの。企業としての安定度に不安もあります。規制によって守られている産業は、規制緩和によって一気に業界のルールが変わってしまうリスクもあります。

どんな業界で職を得るにしても、キーリソースと、その持続可能性を見極めることが成功のカギとなるでしょう。

人材の希少性、スキルや経験の希少性

総務省「労働力調査」を違った視点から眺めます。

雇用者数を少ない方から順番に見るのです。雇用者数が少ない業界は人材の希少性がある、という仮説です。

何かしら基準が必要なので、とりあえず3％を希少性の基準とします。

雇用者全体が５５５９万人なので、その３％は１６０万〜１７０万人です。これをモノサシに主要な業界をピックアップすると、不動産業、物品賃貸業が93万人、金融業、保険業が１６２万人、学術研究、専門・技術サービス業が１７１万人、情報通信業が１７３万人です。仕事の専門性も、人材の希少性も高そうな業界ばかりです（図表６－４）。

興味深いのは、これらの業種は雇用者数がこの10年間に伸びていることです。

不動産業、物品賃貸業が７％増、金融業、保険業は１％の微増ですが、学術研究、専門・技術サービス業では12％の増加、情報通信業も同様に12％伸びています。

これらの業界で就職するには高い専門性が求められ、就業後も専門知識や技能を積むことになります。他業界からの参入障壁は高く、業界内での急激な環境変化や規制緩和がな

図表6-4

業種別の雇用者数と10年間の増減率
（雇用者数の少ない順）

	雇用者数 2012年11月（万人）	過去10年間の増減率
不動産業、物品賃貸業	93	107%
金融業、保険業	162	101%
学術研究、専門・技術サービス業	171	112%
情報通信業	173	112%
生活関連サービス業、娯楽業	182	102%
公務	220	101%
教育、学習支援業	270	109%
宿泊業、飲食サービス業	321	107%
運輸業、郵便業	327	106%
建設業	425	84%
サービス業（他に分類されないもの）	428	130%
医療、福祉	675	153%
卸売業、小売業	941	100%
製造業	982	88%

総務省「労働力調査」より。雇用者数が少ない業種は人材の希少性がある、という仮説を立てて、雇用者数を少ない方から順番に見る。その上位の業種は、興味深いことに、雇用者数が10年間で伸びている。

い限り、付加価値を出せるはずです。個別の業種を見ると、競合環境の激化で収益性の低下を起こす例もあるでしょうが、総じて代替が難しい仕事ができるでしょう。

でも、やっぱり気になる給与の話

経済産業省のデータからは、常時従業員1人当たり給与と労働分配率もわかります。その業種でどれくらい稼げるかの指標になるのです（図表6－5）。

全業種の給与の平均値は、約400万円、労働分配率が48％です。労働分配率は、付加価値額に占める給与の割合で、この数値が高い業種は労働集約型です。人材のスキルや労働投下が求められます。ざっくり言って、50％を超える業種は人材への依存度が高くなります。

労働分配率が高いのは、飲食サービス業の62％、学術研究、専門・技術サービス業、個人教授業、情報通信業が58％、卸売業53％、製造業50％、小売業49％です。

製造部門、営業部門、管理部門と職種は色々ですが、業界全体として、人材の活躍が、売上確保に不可欠と言えます。その分高い給与がもらえると嬉しいのですが、実態は業種

図表6-5
労働分配率と1人当たりの給与

	労働分配率	常時従業員1人当たり給与（千円）
飲食サービス業	62%	1,527
学術研究、専門・技術サービス業	58%	6,155
個人教授所	58%	2,007
情報通信業	58%	5,745
卸売業	53%	4,987
製造業	50%	5,286
小売業	49%	2,497
生活関連サービス業、娯楽業	48%	2,504
クレジットカード業、割賦金融業	37%	4,530
電気・ガス業	28%	7,753
物品賃貸業	20%	5,086
鉱業、採石業、砂利採取業	9%	6,241
合計	48%	4,030

総務省「労働力調査」より。常時従業員1人当たり給与は、総給与額を正社員とパートタイムの合計人数で割って算出。労働分配率（付加価値額に占める給与の割合）が高い業種は、売上の確保のために人材の活躍が必要だが、必ずしも給料が高いとは限らない。

ごとに差があります。

正社員とパートタイムを合わせた常時従業員の数で総給与額を割ると、常時従業員1人当たりの給与を計算できます。驚くほど差が顕著です。パートタイム社員の割合が高い業種では、1人当たりの給与が少な目になることもあり、大きくバラついています。

労働分配率が62％と高い飲食サービス業では、給与平均が153万円。常時従業員のうち80％強がパートタイムということもあり、1人当たりの給与は少なくなります。小売業（同60％強）なども同様です。

労働分配率50％前後だった製造・卸・小売の3役は、製造業が約530万円、卸売業での給与は約500万円、小売業が約250万円になっています。

これに対して労働分配率58％の学術研究、専門・技術サービス業は同616万円です。専門性や希少性の高い人材が求められる業界では、労働に対して高い報酬が与えられます。高い給与を稼ぎたいのであれば、人にできないスキルを身につけるしかないのです。

色々なデータを見ることで、考えるヒントは得られました。しかしながら、教科書的な正解はどこにもありません。答えは自分で探すしかないのです。

生活を安定させるため職を見つけるのか、将来に向けてスキルや経験の投資をするのか。過去の投資分を回収すべく、リスクを取って新しいチャレンジをするのか。

どんな意思決定をしても、結果は確率・統計的にやってきます。良いときもあれば、悪いときもある。そう達観できれば、一度きりの人生を思い切り楽しめるはずです。

epilogue

ちょっとだけ、私の話

今から10年以上も昔、米国シカゴ大学で、三十路を過ぎてもまだ学生生活を送っていました。世界各国から集まってきたクラスメイトと、人種や民族にこだわらず、いろんな話をしたのを思い出します。

文化的なバックグラウンドや宗教観など、価値観が異なる部分が多かったのも事実ですが、人としての核（コア）のようなものは、共有していると実感しました。

喜怒哀楽の根っこや、コミュニケーションを通して感じる温かい親近感は、全世界共通です。一緒に時間を過ごして、顔を合わせて、言いたいことを言って、時に喧嘩して、仲直りして。こうした基本的なコミュニケーションで、お互いの距離はぐっと縮まります。

生身の人間同士で接触することが大事なのです。

中国人、韓国人、台湾人、あるいは2世3世のアジア系アメリカ人と接していると、同じアジアの血が流れていると感じます。タイ、インドネシア、フィリピン、ラオス、ベトナムといった国の友人たちも含めて、どこかで同じ価値観を共有していました。

お互いに母国語でない英語で意思疎通をしている分、各国の言語にまとわりつく文化的な背景が取り払われるのも、そう感じた理由かもしれません。ワンアジアという言葉がありますが、同じ学校で、同じ言葉を使って過ごしていると、アジア内での人種や国境の壁は、いつの間にか忘れてしまうほどです。

インド人、中東の人たちも、私たち東アジア人と見た目の違いはありますが、根本は同じです。授業でディスカッションが始まると吃驚するぐらいアグレッシブなのに、プライベートでは本当に腰が低くて気が利く奴ばかり。

特にインド人、イラン人は日本にもなじみが深く親日家も多いので、濃いルックスの日本人と話をしているような気分になります。

卒業後も、彼らとの交流は続いています。今は日本国内に軸足を置いて仕事をしているので、一緒に何かに取り組むことは難しいのですが、近い将来に必ずプロジェクトをスタートさせたいと思っています。会議で唾を飛ばし合うような議論をして、時にタフな交渉をして、夜は一緒にビールでも飲みながら下世話な話で盛り上がって、いくつになっても夢を語り合う。お互い青臭い若造だった頃に戻り、世界がどうあるべきか、なんていう壮大な議論ができたら楽しいなと思います。

あの頃、酔った勢いで過去の歴史について語り合ったことがありました。お互いの愛国心や自尊心に触れる微妙な話題ですから、素面では話しにくいものです。この時代に生きる人として、過去の歴史問題にどう向かい合ったらよいのか。知ったかぶりしないで、お互いがどう教えられてきたのかを教え合う。その上で、どう感じるのか言葉を交わし合う。そんなやり取りから、相手が受けた痛みの大きさや、日本人に対して今でも持っている畏怖の念などを肌で感じました。

お互いに顔も合わさず、相手の考えも訊かなければ、自尊心は肥大して極端な意見になりがちです。匿名性が担保されたネット言説では、相手より上に立つことで虚栄心を満たすことが主目的になっているように思います。同じアジア的な価値観を持つ者同士が、お互いの意見を真摯に聴き合えば、自然と解決策は見えてくるように思うのです。

ちょっと回り道しました……。

海外で営業の仕事をするチャンスがあったら、臆せずチャレンジしてほしい。そんな思いを伝えたくて、個人的な異文化コミュニケーション経験を綴りました。体格や言葉や肌の色が違っても、人の中身はそれほど変わらない。そう思って、本書で紹介したSメカニクスや小技を武器に、ガンガン営業活動してほしいと思います。そこで大成功したら、こっそり私に教えてください。別の機会に、営業の成功事例として執筆したいので。

私は企業再生コンサルティングを生業にしています。今は、数年前に破綻した老舗児童書出版社の再建に取り組んでいる真っ只中です。

出版業界は斜陽産業ですし、儲かる業界でもありません。それでも、多くの人にとって欠かせない、かけがえのない商品を作っている業界と自負しています。

人生に影響を与えるほどの素晴らしい本に出会うことがあります。ある本が、一生心の一部になることだってあります。社会的に意義がある事業です。だからこそ、自分の時間を割き、経営の全責任を負って企業再生を引き受けることを決意しました。

自身が無類の本好きというのも理由の1つです。小説やノンフィクションだけでなく、仕事の関係で膨大な量のビジネス書も読んできました。本を紹介する番組の司会をしていた時期もあり、あらゆるジャンルの本を読む経験を積みました。

とはいえ、児童書の専門家ではありません。売れる児童書の目利きができるとか、そんな不遜なことを言うつもりもないのです。読者としておもしろいと感じる児童書、社会的にとって存在価値がある書籍を絶やさないように努める。そして、破綻した児童書出版社を、もう二度と各方面に迷惑をかけないように、きちんと再生させることが自分に課せられた義務だと思っています。

歪んだ価値観を植え付けるような本は出したくありません。圧倒的におもしろく、長く心に留まる本。考えること、感じることを愉しめる本。そんな素敵な本を作り続けていきたいと思っています。

再建を引き受けた頃は、本当に大変な思いをしました。事実と違う一方的な誹謗中傷や、出自に関わる差別を受けたこともあります。発信する人たちがなぜそうするのか、理由を類推できたこともあります。相手の顔が見えずに悶々とした日々を送ったこともあります。

会社を破綻に追い込んだ当事者の1人が、まるでわかったような口ぶりで旧社の体制を非難するのには、腸が煮えくり返るような思いをしました。「真犯人はあなたですよ」と言い放ちたくなったものです。関係者が流布する風説もひどかったし、一時期は心の平衡を失いかかって、人間不信にもなりました。

確かに、一度破綻した出版社です。過去に大きな失敗をしています。多くの方に迷惑を掛けました。それは変えられない事実です。大変に申し訳ないことをしたと、反省し続けています。二度を同じ過ちを繰り返してはいけない。そう心に誓って、全従業員が再建に邁進しています。

過去を消すことはできません。悪癖を直し、過去と決別し、誠意を持って出版活動を続けていく。過去に裏切ってしまった人々へ、その何分の一でも良いことをお返しする。それしか、できることはないのです。

幸いにも優秀な社員が会社を支えてくれています。志のある旧社の社員は、プライドを捨て再生に尽力してくれています。新たに参画した社員も、お互いにリスペクトを持って業務を遂行してくれます。優秀な編集者、会社のために骨身を削って仕事をする営業部門、そして管理部門を任せられるプロフェッショナルな人材も加入してくれました。ようやく、再建に向けた土台が固まったと実感しています。

社会的な信用を失った児童書出版社を、長い年月をかけて再生させる。もう一度、輝いていた頃のレベルまで戻す。今ゴールに設定しているのは、そんな姿です。そこまで到達できたら、次は新しいステージに進んでいきたいと思っています。

テクノロジーが進化し、書籍に対する社会のニーズが変化する中、これからのあるべき姿を模索していきたいのです。紆余曲折はあるだろうし、躓《つまず》くこともあるでしょう。成功は、確率統計的にやってくるのですから。二度と経営破綻を起こすことなく、長い期間で帳尻を合わせていきたいのです。

出版人としての誇りや矜持を胸に、三方よしの信念を貫きながら事業を行う。目先の出来事に一喜一憂しながらも、結果を求めるときはSメカニクスの法則に従って、焦らずに数字を追いかけていく。そんな、凛とした経営者の姿勢を保っていたいと思います。

みなさんへ贈るメッセージ

ひとは誰でも「神様」だと思います。

（スピリチャルな話ではないのでご安心ください。そもそも私は無宗教です）

宇宙誕生から150億年分の蓄積された経験、あるいは地球誕生から50億年分の進化の記憶を、DNAによって連綿とバトンリレーしている。こんな素晴らしく奇跡的な存在を、神と呼ばずになんと呼べばいいのでしょうか。

日本古来より伝わる八百万《やおよろず》の神も、同じ考え方に基づいた概念だと思います。聖なる土地や神社だけでなく、身の回りの道具にまで魂が宿っている。こうした世界観が、すべての物事を大事にする日本人の文化や、精巧なモノづくりの原点になっていると思います。宗教的な話というより、哲学や倫理観なのかもしれません。

そんな、奇跡的に生を受けた人間も、そのままでは単なる神様の素材です。文明が誕生してから、膨大なる知が蓄積されてきました。これもまた、神と呼べる存在だと思います。科学も芸術も、その体系自体が神のようなもの。こうした知の蓄積から自分に必要なものを取り込んで、ようやく人は神様として完成するのだと思います。

ちょっと大げさな話になりました（苦笑）。

ビジネスマンとして日々仕事に邁進している読者のみなさんも、みんな神様の1人です。思い切り自信を持ってほしいのです。

一方で、仕事をしていると、もう1人の神様と対峙することになります。

確率・統計という神様です。運命の女神様という言葉があるように、運は誰もコントロールできません。結果はきまぐれにやってきます。運が良い時もあれば、悪い時もある。

不確実な世界と折り合いながら仕事をするのは、気分次第でいたずら好きな確率の神様と、相撲を取るようなものです。

仕事でうまくいかないときがあるのは、当たり前なのです。思い通りにならないのは些細なこと。あなたという神様も、連戦連勝できるわけではなく、確率統計の神様に惨敗することだってあるのですから。

腐らず、慌てず、淡々と。結果は、統計的にやってくる。

そう思いながら、自分のことを卑下せず、でもスキルのファインチューンはいつでも心がけて、日々の仕事に向かい合ってほしいと思います。

私もみなさんと同じです。言うことを聞いてくれない運命の女神様と華麗にダンスでも踊りながら、自分の周りの人を、1人でも多く幸せにできたらと思っています。

お互いの健闘を祈って。

2013年2月

斎藤広達

[著者紹介]

斎藤広達（さいとう・こうたつ）
1968年生まれ。慶應義塾大学を卒業後、外資系石油会社に入社し、主にマーケティング関連の業務に従事。シカゴ大学経営大学院修士（MBA）取得後、ボストン・コンサルティング・グループ、シティバンク、ローランドベルガーなどを経て、現在はシカゴコンサルティング代表取締役。主として企業再生コンサルティングを手がけている。『ビジネスプロフェッショナルの教科書』（日経BP社）、『「計算力」を鍛える』（PHPビジネス新書）など著書多数。

仕事に役立つ統計学の教え

2013年4月8日　第1刷発行
2013年5月2日　第3刷発行

著　者　　斎藤広達

発行者　　高畠知子
発　行　　日経BP社
発　売　　日経BPマーケティング
〒108-8646
東京都港区白金1-17-3 NBF プラチナタワー
TEL 03-6811-8650（編集）
TEL 03-6811-8200（営業）
http://ec.nikkeibp.co.jp

装　丁　　萩原弦一郎（デジカル）
本文デザイン　　秋本さやか（アーティザンカンパニー）
印刷・製本　　株式会社シナノ

ISBN978-4-8222-4955-7